KB108883

자아의
초월성

자아의 초월성

La transcendance de l'Ego
Jean-Paul Sartre

장 폴 사르트르

현대유럽사상연구회 옮김

민음사

옮긴이 서문

현대유럽사상연구회는 프랑스와 독일로 대표되는 현대 유럽의 철학과 사상을 공부하는 젊은 연구자들의 모임입니다. 현상학과 실존주의, 구조주의와 그 이후에 이르는 넓은 땅을 함께 탐사하며 진지하게 공부하고 있습니다. 우리 시대의 문제에 답할 수 있는 철학적 저작들을 계속해서 내놓는 것이 연구회의 목표입니다. 현재 원전 강독과 논문 모임을 비롯한 활동을 활발하게 하며, 앞으로 중요한 원전의 번역이나 공동 저술 출판 등을 계획하고 있습니다.

현대유럽사상연구회의 첫 번역 작업으로 사르트르의 저작을 선택한 것은 무엇보다도 사르트르 철학의 중요성 때문입니다. 독일 현상학으로부터 영향을 받아 독창적인 사상을 만들어 낸 사르트르의 철학이 가진 무게와 그 이후의 철학에 미친 파급력은 결코 가볍지 않습니다. 사르트르의 철학과 직접적인 연관 관계가 있는 카뮈나 메를로퐁티의 사유는 물론이거니와, 사르트르의 철학과 큰 간극을 가지고 있는 것처럼 보이는 들뢰즈나 푸코의 사상 역시 실제적인 영향 관계를 가지고 있습니다. 들뢰즈가 여러 지면과 자리를 통해 사르트르를 자신의 스승으로 일컬었다는 사실에서, 푸코가 그의 마지막 대담에서 『자아의 초월성』을 쓴 사르트르에게 빚을 지고 있다고 고백했다는 사실에서 우리는 현대 유럽 철학에 미친 사르트르의 영향력을 발견할 수 있습니다.

　『자아의 초월성』은 사르트르 현상학의 초석이 되었으며, 동시에 프랑스 현상학의 전개에서 중요한 계기를 이루는 작품입니다. 『존재와 무』나 『실존주의는 휴머니즘이다』와 같은 책들이 이미 국내에 소개되었지만, 『자아의 초월성』은 이 작품들보다 후설 현상학과의 연관 관계 속에서 의식의 근본 구조를 밝히고자 하는 경향이 강한 작품이라 할 수 있습니다. 사회 참여적 지식인의 대표자로 널리 알려진 사르트르 초창기의 이론적 토대

역시 확인할 수 있습니다. 이 책의 번역을 통해 『존재와 무』와 같은 사르트르의 주저에 나타난 핵심 사상에 접근하는 일이 보다 수월해지기를 기대합니다.

프랑스어 판에는 편집자가 작성한 부록이 수록되어 있으나 저작권 문제로 이 책에는 싣지 않았습니다. 대신 부록의 내용을 추려 해당 부분에 역주를 달아 설명해 놓았습니다.

특별한 애정으로 아낌없는 조언을 주신 서강대 철학과의 서동욱 교수님께 감사드립니다. 애초에 사르트르 철학에 대한 관심을 공유할 수 있었던 것도, 쉽지 않은 프랑스어 표현들 앞에서 길을 잃지 않을 수 있었던 것도 모두 교수님의 가르침 덕분에 가능했습니다. 또한 좋은 번역의 방향을 알려 주시고 세세한 조언을 아끼지 않으신 이충민 선생님, 그리고 같이 공부했으나 사정으로 인해 끝까지 함께하지 못한 류종우, 소영광에게도 따뜻한 감사 인사를 전합니다.

정확성과 가독성 모두를 살리고자 최대한 노력했으나 이해하기 힘든 부분이 있다면 전적으로 번역팀의 잘못입니다. 발견되는 오류에 대한 의견은 적극 수렴하도록 하겠습니다. 원문이 하나의 편지라면, 번역이란 그 편지를 다시 쓰는 일일 것입니다. 그 속에 담긴 뜻이 잘못 전해지지 않기를 바랍니다. 더불어 편지에 담긴 우정에 우리 역시 동참하게 되었기를 소망합니다.

2017년 1월

고유한, 강선형, 문한샘, 이솔, 정혜란, 황수아, 황승종

서 문

사르트르의 최초의 저작은 『자아의 초월성에 관한 논고
(*L'essai sur la transcendance de l'Ego*)』[1]이다. 엄밀하게 말하자
면 사실 『자아의 초월성에 관한 논고』 이전에도 출판물
두 편이 있긴 했으나, 모두 철학적인 연구로는 간주될 수
없다. 그중 하나는 1927년에 출판된 것으로 뒤기[*]의 법
적 실재론에 대한 글이며, 다른 하나는 1931년 《비뛰르
(*Bifur*)》에 실린 『진리의 전설(*La légende de la vérité*)』[2]인데,

---

1 1936년 《철학 연구(*Recherches philosophiques*)》에 처음 발표되었으며 재판은
없다.
(옮긴이) 이는 이 책 『자아의 초월성』과 동일한 것이다.
* 레옹 뒤기(Léon Duguit, 1859~1928): 프랑스의 공법학자이며 법철학자.
2 시몬 드 보부아르(Simone de Beauvoir)의 『나이의 힘(*La force de l'âge*)』
(Gallimard, 1960), p. 49를 참조하라.

여기에서 사르트르는 이야기 형식을 통해 그의 사유를 전달하고 있다.

사르트르는 이 논고에서 『존재와 무』로 귀결하게 될 탐구의 작업을 시작한다. 게다가 사르트르의 연보는 이 시기에 그의 철학적 관심사들이 명백하게 통일되어 있었다는 점을 확인시켜 준다. 우리는 이 당시 그의 모든 작품들이 이미 작성되었거나, 아니면 적어도 동일한 시기에 고안되었다고 말할 수 있다. 『자아의 초월성에 관한 논고』는 1934년 사르트르가 후설(Edmund Husserl)의 현상학을 공부하기 위해 얼마간 베를린에 체류하는 동안 작성되었다. 1935년에서 1936년까지 그는 『상상력(L'imagination)』과 『상상계(L'imaginaire)』를 동시에 썼고 이 두 작품은 각각 1936년과 1940년에 출판되었다. 그 이후 1937년에서 1938년까지 『프시케(La Psyché)』를 썼는데, 이는 1934년에 이미 구상했던 작품이다. 『프시케』에서 분리된 『감정의 현상학적 이론의 소묘(Esquisse d'une théorie phénoménologique des émotions)』는 1939년에 출판되었다. 『존재와 무』가 바로 그 뒤를 이어 1943년에 출간되었음을 상기해 보자. 『존재와 무』에서 사르트르

는 지난날 수행했던 유아론에 관한 반론이 불충분하다
고 판단해 이를 보강하긴 했으나, 명시적으로『자아의
초월성에 관한 논고』의 결론을 견지했다.[3]

　　사르트르는 이 젊은 시절의 논고를 오직 단 하나의
지점에서 부인한다. 그것은 이 논고에서 그리 길게 상술
되지 않은 정신분석학에 관한 부분이다. 그는 무의식과
정신분석학적 이해에 관한 지난 비판을 전적으로 다시
검토했고 이 영역에 관한 한 과거 자신의 선입견들을
더 이상 옹호하지 않았다.[*]

3　『존재와 무(*L'être et le néant*)(Paris: Gallimard, 1972)』, p. 147과 p. 209를
참조하라.

(옮긴이)『존재와 무』에서 사르트르는 다음과 같이 쓰고 있다. "우리는《철학 연
구》에 발표한 어떤 논문 속에서 '자아(Ego)'가 대자의 영역에 소속하지 않는다
는 것을 보여 주려고 시도한 적이 있다. …… 요컨대 모든 '체험'을 통일하는 극
(極)으로서의 '자아'는 즉자적이지 대자적인 것이 아니다."(정소성 옮김,『존재
와 무』(동서문화사, 2009), 198쪽)

*　그러나 이는 사르트르가 이후 태도를 전적으로 바꾸어 프로이트의 정신분석
학을 옹호했음을 의미하지는 않는다. 사르트르는『자아의 초월성』에서와 같이
프로이트의 정신분석학 및 그것의 핵심을 이루는 무의식 개념에 대한 비판적인
입장을 일관적으로 고수한다.『존재와 무』에서 사르트르 자신의 독창적인 '실존
적 정신분석'을 내세우고 있음에도, 이는 프로이트 식의 정신분석에 대한 비판
을 바탕으로 한 것이다. 사르트르는 프로이트의 정신분석이 인간의 모든 행위들
로부터 의미를 발견하고 있다는 점에서 그 의의를 인정한다. 그럼에도 프로이트
의 경험적 정신분석은 무의식을 기반으로 한 심리적 결정주의일 뿐이라는 점에

그러나 의식 그 자체의 구조에 관한 이론과 초월적인 심리적 대상으로서의 자아에 관한 근본 개념은 언제나 사르트르 그 자신의 것이었다.

이 압축적인 명제를 가장 잘 소개해 주는 것이 아래의 글이다. 이 짧은 글은 시몬 드 보부아르가 쓴 것이긴 하지만, 여기에 인용하는 것이 최선일 듯하다. 그녀는 다음과 같이 쓴다.[4] 『자아의 초월성에 관한 논고』는 "후설의 관점에서 자기(Moi)가 의식에 대해 맺는 관계를 기술한 것이지만 보다 근래의 몇몇 후설의 이론들과는 대립한다. 사르트르는 '의식'과 '심리적인' 것 사이에 그가 언제나 유지하려 한 하나의 구분을 설정했다. 설사 의식이 자기(soi)의 직접적이며 명증한 현존이더라도, 심리적인 것은 오직 반성 작용을 통해서만 포착되는 대상들의 집합이며, 그것은 지각의 대상들과 마찬가지로 측면들을 통해서만 주어질 뿐이다. 가령 증오는 초월적인 것이다. 우리는 그것을 '체험'을 통해서 파악하며

서 이와 다른 정신분석의 방법을 모색한 것이다.

4 Beauvoir, ibid., pp. 189~190.

그 존재는 오직 개연적일 뿐이다. 나의 자아(Ego)는 타인의 자아와 마찬가지로 그 자체가 세계의 존재이다. 이렇게 사르트르는 가장 오래되고 견고한 자신의 신념들 가운데 하나인, 비반성된 의식이 자율성(autonomie)을 지닌다는 믿음을 얻었다. 라로슈푸코*와 프랑스 심리학의 전통이 주장하는 자기에 대한 관계는 우리의 가장 자발적인 운동들을 타락시킨 것이며 오직 어떤 특정한 정황들에서만 나타나는 것일 뿐이다. 사르트르에게 한층 중요했던 것은 이 이론이, 그리고 그의 견해로는 오직 이 이론만이, 타인 그리고 그와 동일하게 하나의 객관적인 실존을 소유하고 있는 우리 자신 모두에게 심리적인 것, 자아, 유아론으로부터의 탈출을 제공했다는

---

* 프랑수아 드 라로슈푸코(François de La Rochefoucauld, 1613~1680): 프랑스의 귀족 출신 작가이자 도덕주의자. 1665년 익명으로 간행한 『잠언집 (Maximes)』에서 인간 심리의 심층에 담긴 '자기애(自己愛)'를 예리하게 그려낸 것으로 잘 알려져 있다. 라로슈푸코에 관한 사르트르의 평가는 이중적이다. 사르트르는 라로슈푸코가 인간의 '무의식'이라 불릴 수 있는 것을 반성을 통해 예리하게 보여 주고 있다는 사실을 인정하지만, 또 한편으로 여전히 그러한 무의식적인 감정 혹은 상태들을 '자기'에 속한 것으로 간주하고 있다는 점에서 한계를 본다. 이에 관해서는 이 책의 1부 3장인 「자기의 '질료적 현존'에 관한 이론」을 참조하라.

것이다. 유아론을 철폐함으로써 우리는 관념론의 덫을 피했고, 사르트르는 결론에서 자신의 주장이 가진 도덕적인 그리고 정치적인 실천 역량을 역설했다."

1992년
실비 르봉

차 례

일러두기

1 이 책은 장폴 사르트르의 『자아의 초월성: 현상학적 기술에 관한 소묘(*La transcen-dance de l'Ego; Esquisse d'une description phénoménologique*)』(Paris: Vrin, 1992)의 완역본이다. 번역 대본으로는 주로 1992년 판본과 편집자 실비 르봉(Sylvie Le Bon)의 각주를 따랐으나, 오탈자의 검수와 관련해서는 2003년 뱅상 드 쿠르비테(Vincent de Coorebyter)에 의해 수정된 판본을 참조했다. 이 밖에 영어 번역본인 *The Transcendence of the Ego: An Existentialist Theory of Consciousness*(New York: Hill and Wang, 2001)를 참조했다.

2 사르트르의 원주는 따로 표시하지 않았고 편집자 주는 (편집자)로, 역주는 (옮긴이) 또는 별표(*)로 표시했으며 원문의 면수를 본문 옆에 병기했다.

3 원문에서 이탤릭체는 ' '로,《 》로 묶인 부분은 " "로, 대문자는 고딕체로 표시했다. 또한 뜻이 잘 통하게 하기 위해 역자가 임의로 집어넣은 말이나 대체 가능한 번역어는 〔 〕로 표시했다. 하나의 프랑스어 단어에는 동일한 번역어만을 사용하려고 노력했으나, 자연스러운 독해에 걸림돌이 된다고 여겨지는 경우에는 의역했다.

4 인용된 모든 저서는 『 』로, 논문이나 장 제목은 「 」로 표시되었으며, 정기 간행물은《 》로 표시했다.

5 이 책의 본문 및 각주에서 자주 인용되는 사르트르와 후설의 저작들은 원문과 역서를 참고해 번역했으며, 번역어상의 통일 혹은 의미의 전달이 문제가 되는 경우 별도의 표시 없이 수정했다. 해당 작품의 원전과 번역본이 번갈아 인용될 때는 번역본의 경우에만 해당 원서의 쪽수를 "불" 또는 "한"이라는 표시와 함께 밝혔다.

대부분의 철학자들에게 자아(Ego)[*]는 의식의 "거주자
(habitant)"이다. 어떤 이들은 통일의 텅 빈 원리로서
"체험(Erlebnis)" 가운데 있는 자아의 형식적인(formelle)
현존을 단언한다. 또 어떤 이들은, 대부분 심리학자들
인데, 우리의 심리적인 삶의 매 순간에 욕망들과 행위
들의 중심으로서 자아의 질료적인(matérielle) 현존이 발
견된다고 생각한다. 그러나 우리는 여기에서 자아가 형
식적으로도 질료적으로도 의식 '안에' 있지 않다는 것

---

* Ego는 일반적으로 '에고'로 번역되지만, 이 책에서는 *La transcendance de l'Ego*를 『자아의 초월성』이라 칭하는 국내의 관례를 따라 '자아'로 옮겼다. 또한 프랑스어의 je는 '나'로, moi와 soi는 모두 '자기'로 옮겼다. 그러나 어색함이 느껴지는 경우 간혹 moi를 '나'로 옮기기도 했음을 밝혀 둔다. 이와 같은 예외에는 원어를 병기했다.

을 보이고자 한다. 자아는 〔의식의〕 바깥에, '세계 안에' 있다. 타인의 자아와 마찬가지로, 그것은 세계의 한 존재이다.

1부　나와　자기

1　'나'의 형식적 현존에 관한 이론

칸트에 따르면 "나는 생각한다(Je Pense)는 우리의 모든 표상에 동반'될 수 있어야만' 한다."[1] 하지만 나(Je)가 '사실상(en fait)' 우리의 모든 의식의 상태에 거주하고, 실제로 우리 경험의 최상의 종합을 수행한다고 결론 내려야만 할까? 이는 칸트의 생각을 왜곡하는 것으로 보인다. 비판의 문제는 권리(droit)의 문제이다. 칸트는 '나는 생각한다'의 사실상의 현존에 관해서는 결

1　(편집자) 『순수이성비판』 재판의 1부 「초월적 분석학」 2장 2절 §16 "통각의 근원적 종합적 통일에 대하여" 및 §17~18을 참조하라.

코 확언하지 않는다. 오히려 칸트는 "나"가 없는 의식의 순간들이 있다는 것을 완벽하게 이해했던 것으로 보인다. 왜냐하면 그는 (나는 생각한다가) "동반'될 수 있어야만' 한다"라고 말하기 때문이다. 사실, 정말로 중요한 것은 경험의 가능 조건들을 규정하는 것이다. 내가 나의 지각 또는 사유를 항상 '나의 것으로' 간주할 수 있는지 여부가 그 조건들 중 하나라는 것. 이것이 전부이다. 그러나 비판에 의해 규정된 가능 조건들을 '현실화'하는 것은 현대 철학의 위험한 한 경향이며, 우리는 이러한 경향의 흔적들을 신칸트주의와 경험적 비판주의, 그리고 브로샤르와 같은 주지주의에서 발견한다.[2] 이 경향에 의해 몇몇 저자들은 이를테면 '무엇이 "초월론적 의식(conscience transcendantale)"*인가'와 같

---

2 (편집자) 신칸트주의의 대표자는 라슐리에(Jules Lachelier)와 브륀슈비크(Léon Brunschvicg)이며, 경험적 비판주의는 마흐(Ernst Mach)로 대표된다. 빅토르 브로샤르(Victor Brochard, 1848~1907)는 고대 철학사가이자 『오류에 관하여(De l'Erreur)』(Vrin, 1879)의 저자이다. 그는 『고대 철학과 근대 철학에 관한 연구(Études de philosophie ancienne et de philosophie moderne)』(Vrin, 1954)에 이르기까지 철학과 명상적 도덕에 관한 다양한 글을 저술하기도 했다.

* 이 책에서 transcendance는 '초월성'으로 번역했으며, transcendant(e)

은 물음을 품게 되었다. 이러한 용어들에 대해서 의문을 제기할 때, 우리는 자연스럽게 우리의 경험적 의식을 구성하는 이 의식을 무의식과 같은 것으로 생각하게 된다. 그러나 부트루는 이미 칸트 철학에 관한 강의[3]에서 이러한 해석들을 반박했다. 칸트는 결코 경험적 의식이 '사실상' 구성되는 방식에 몰두하지 않았다. 그는

과 transcendantal(e)은 각기 '초월적' 및 '초월론적'으로 옮겼다. 번역어를 이와 같이 선택한 까닭은 사르트르에게 transcendant과 transcendantal의 개념이 칸트적인 의미에서라기보다는 분명 후설이 규정한 맥락에서 이해되고 있기 때문이다. 칸트 철학에서 이 두 용어에 해당하는 독일어 transzendent와 transzendental은 각기 초험적(超驗的) 및 초월적(超越的)이라 번역되며, 초험적이란 '경험 혹은 경험의 가능성을 넘어서 있는' 것을 의미하는 반면 초월적이란 '경험에 선행하는(a priori) 동시에 경험을 가능하게 하는' 것을 의미한다. 그러나 후설에게 transzendent는 대상적 존재에 해당하는 표현으로 초월의 결과를 나타내며, 후자인 transzendental은 대상의 의미를 구성하는 주관에 해당하는 표현으로 초월의 활동을 나타낸다. 이처럼 동일한 표현에 대한 양자의 규정 방식에 차이가 있는 것은 칸트가 경험 가능성의 한계로서 물자체를 설정하는 것과 달리, 후설의 현상학에서는 물자체 개념이 가정되지 않기 때문이다. 물론 칸트와 마찬가지로 후설은 대상이 주체에 준거하는 것이며, 대상에 관한 인식이란 곧 구성을 통해 이루어지는 것이라고 생각했다. 그러나 후설은 칸트와 달리 현상과 그것 배후의 대상을 구분 짓지 않는다. 우리에게 구체적으로 주어지는 '현상'들 이상의 대상은 없다. 후설의 현상학적 기획을 따르는 사르트르 또한 이 두 개념의 의미를 후설과 같이 이해하고 있다. 사르트르에게 '초월'이 의미하는 바에 관해서는 각주 18을 참조하라.

3 (편집자) 에밀 부트루(Emile Boutroux, 1845~1921)의 소르본에서의 강의 (1896~1897)인 『칸트의 철학(*La philosophie de Kant*)』(Paris: Vrin, 1926) 참조.

〔경험적 의식을〕신플라톤주의적 전개의 방식으로, 상위의 의식, 구성하는 초(超)의식(hyperconscience)의 방식으로 연역하지 않았다. 그에게 초월론적 의식은 단지 경험적 의식의 존재를 위해 필요한 조건들의 전체이다. 그러므로 초월론적인 나를 '현실화'하는 것, 〔그것을〕우리의 '의식들'[4] 각각과 분리 불가능한 동반자로 만드는 것은 권리상의 판단이 아니라 '사실상'의 판단이며 칸트와는 완전히 다른 관점에 서는 것이다. 그런데도 우리가 경험의 필연적 통일성에 대해서 칸트주의자들의 의견에 권위를 부여한다면, 우리는 초월론적인 의식을 경험 이전의 무의식으로 간주하는 이들과 동일한 오류를 범하게 되는 것이다.

따라서 우리가 '권리'의 문제에서 칸트에 동의한다고 하더라도, 사실의 문제가 해결되는 것은 아니다. 그러므로 여기에서 그 문제를 명확하게 제기하는 편이 좋

---

4 여기에서 나는 '의식(conscience)'이라는 용어를 독일어 Bewusstsein의 번역어로 사용할 것이다. Bewusstsein은 의식 전체, 모나드, 그리고 그 의식의 각각의 순간들을 동시에 의미한다. '의식의 상태(état de conscience)'라는 표현은 의식에 수동성을 도입하는 것이기 때문에 정확하지 않다.

을 것이다. 나는 생각한다는 우리의 모든 표상들에 동반될 수 있어야 하지만, 표상들이 나는 생각한다를 사실상 동반하는가? 더 나아가 나는 생각한다가 동반되지 않는 어떤 상태로부터 나는 생각한다가 동반되는 상태로 이행하는 어떤 표상 A를 가정해 본다면, 그 표상에는 구조의 변이가 뒤따를 것인가? 아니면 그것은 그 근본에서 변하지 않고 그대로일 것인가? 이 두 번째 질문은 우리로 하여금 세 번째 질문을 제기하도록 이끈다. 나는 생각한다는 우리의 모든 표상들에 동반될 수 있어야만 한다. 그러나 여기에서 우리 표상들의 통일이 직접적으로나 간접적으로 나는 생각한다를 통해 실현된다고 이해해야 하는가? 아니면 우리는 "나는 생각한다"가 항상 적절하게 확인되는 방식으로 의식의 표상들이 통일되고 연결되어야만 한다고 이해해야 하는가? 이 세 번째 질문은 권리의 영역에서 제기되는 것으로 보이며, 그 영역에서 칸트의 정통성을 포기하는 것으로 보인다. 그러나 그것은 실제로 다음과 같이 정식화될 수 있는 사실의 문제에 관련된다. 우리가 우리의 의식 내에서 마주치는 나는 우리 표상들의 종합적인 통일을 통해 가능해지는 것

인가, 아니면 실제로 표상들 사이에서 그것들을 통일시
키는 것인가?

만약 우리가 후기 칸트주의자들에 의해 관철된 "나
는 생각한다"에 대한 모든 해석을 포기한다면, 그리고
그럼에도 불구하고 의식에서 나의 '사실상의' 현존에
대한 문제를 해결하고자 한다면, 이 도정에서 우리는 후
설의 현상학과 마주친다.[5] 현상학은 의식에 관한 학적
(scientifique) 연구이며, 의식에 관한 비판이 아니다.[6] 이
연구의 본질적인 방식은 직관이다. 후설에 따르면 직관
이란 우리를 '사물'과 대면하게 하는 것이다.[7] 더군다

---

5 (편집자) 『상상력(L'imagination)』(PUF, 1936)에서 사르트르는 이미지라는
독특한 문제를 다루는 가운데, 현상학의 출현이라는 철학적 혁명으로부터 이미
지의 일반적인 특성들을 이끌어 낸다. 이 책에서처럼 그는 직관이 자신에게 전
해 주는 "사실들(faits)"이 본질이라 하더라도, 기술적이기를 자처하는 현상학
적 방법의 생산성을 강조한다. "현상학이란 초월론적 의식의 구조에 대한 하나
의 '기술(description)'이다. 그것은 의식 구조들에 대한 본질직관에 근거한다."
(p. 140)

6 (편집자) 후설은 『엄밀한 학문으로서의 철학』(1911)에서 이 기획을 발전시
킨다.

7 (편집자) 『순수현상학과 현상학적 철학의 이념들(Ideen zu einer reinen Phä-
nomenologie und phänomenologischen Philosophie) 1』 §43에서 후설은 "무매개적
인 직관의 활동들 안에서 우리는 '사물 그 자체'에 대한 직관을 가진다."(p. 139)
라고 서술하며, 또한 사물이 우리에게 "직접 몸소(en chair et en os)", "원본적

나 후설이 현상학을 '기술하는' 학으로 명명한 것에 비추어 본다면 현상학은 '사실'에 관한 학이며, 현상학이 제기하는 문제들이란 '사실에 관한'[8] 문제들이라는 것을 이해해야 할 필요가 있다.[9] 그러므로 나와 의식의 관

으로(originairement)" 혹은 "본래적으로(en original)" 주어진다고 말한다. (옮긴이) 이 책에서 편집자가 참조하고 있는 편본은 폴 리쾨르(Paul Ricœur)가 번역한 프랑스어 판(*Idées directices pour une phénoménologie*(Paris: Gallimard, 1950)이다. 이하 후설의 이 책은 『이념들』이라 표기한다.

8 후설은 이것을 본질학이라 말할 것이다. 그러나 우리가 설정한 관점에서 본다면 그것은 결국 똑같은 말이다.

9 (편집자) "사실에 관한 학/사실학(science de fait)"과 "본질학(science d'essences)" 혹은 더 강조해 "형상학(science eidétique)"이라는 표현들은 여기에서는 똑같은 말이다. 실제로 사르트르는 지금 경험적 사실과 본질 사이의 대립이 아니라, 보다 포괄적으로 사실의 문제들과 권리의 문제들 사이의 대립을 염두에 두고 있다. 그런데 사실과 본질은 전부 '주어짐'으로서 나타나며, 정확하게 말해 (여기의) 핵심은, 현상학이란 순수한 '권리'의 물음을 제기하는 칸트의 관점과 맞서 있는, 주어짐(그것이 질료적인 것인지 혹은 이념적인 것인지의 문제는 아직 관건이 되지 않는다.)에 관한 학이라는 것이다. 왜냐하면 현상학은 주어짐, 즉 사실들의 집합을 겨냥하는 '기술적인' 학문이기 때문이다. 다른 관점에서, 만일 후설이 "본질학" 또는 "본질적인" 것을 정초하기를 원했다면, 무엇보다도 여기에서 본질들은 무매개적인 관점에서 확실성과 함께 인도된 것으로, 정확하게 말해 그것들은 대상으로 간주되어야 한다. 이러한 관점에서 본질들이란 사실들(이념들)이다.

『이념들 1』1장 1절 "사실과 본질" §3에서 후설은 다음과 같이 쓴다. "본질('형상(Eidos)')은 새로운 종류의 대상이다. 개별적 또는 경험하는 직관에 주어진 것이 개별적 대상이듯이, 본질직관에 주어진 것은 순수 본질이다. …… 형상적 대상이 곧 대상이듯이, '본질통찰(Wesens-Schauung)' 역시 곧 직관이다." (불:

계에 대한 문제들은 실존의 문제들이다. 후설은 칸트의 초월론적 의식을 다시 발견하고 에포케($\dot{\epsilon}\pi o \chi \acute{\eta}$, epoche)[10]를 통해 그것을 거머쥔다. 그러나 이 의식은 더 이상 논리적 조건들의 집합이 아닌 하나의 절대적인 사실이다. 이것은 더 이상 권리상의 실체(hypostase)가 아니며, 실재와 이념 사이에서 부유하는 무의식도 아니다. 초월론적 의식은 "현상학적 환원"이 실행되기만 하면 우리들 각자가 접근할 수 있는 실재적인 의식이다. 우리의 경험적 의식, 이 "세계 안의" 의식, 심리적인 그리고 심리생리적인 "자기(moi)"와 함께하는 이 의식을 구성하는 것은 초월론적 의식밖에 없다. 우리는 구성하는 의식이 실존한다는 것을 확신한다. 후설은 그의 경탄할 만한 여러

---

p. 21; 한: 62쪽)

10 (편집자) 현상학적 환원(réduction phénoménologique)으로서의 에포케는 자연적 태도를 괄호 치는 것이며, 자연적 태도는 언제나 자발적인 실재론의 흔적이다. 마찬가지로 사르트르는 후설을 따라 자연적 의식을 "세계 내부의 의식(conscience intramondaine)"이라고 표현한다. 이 점에 관해서, 혹은 환원의 작업과 관련해서는 『이념들 1』 4장 2절의 §56~§62(불: pp. 187~208) 및 『데카르트적 성찰(Cartesianische Meditationen und Pariser Vorträge)』 §8을 참조하라. (Husserl, *Méditations cartésiennes*, trans. Emmanuel Levinas(Paris: Armand Colin, 1931), pp. 17~18)

기술들을 통해, 경험적 의식 안에 틀어박힘으로써 세계를 구성하는 초월론적 의식을 보여 주었다.[11] 우리는 후설을 뒤따르는 가운데 그와 마찬가지로 우리의 심리적인 그리고 심리생리적인 자기가 에포케에 의해 제거되어야 할 하나의 초월적 대상이라는 것을 납득할 수 있다.[12] 그러나 우리는 자신에게 다음과 같이 물을 수 있다. 이 심리적, 심리생리적 자기는 불충분한 것이 아닌가? 이것은 절대적 의식의 구조, 하나의 초월론적 나를 이중화하는 것이 아닌가?[13] 우리는 이 질문에 따른 답

---

11 (편집자) 후설은 특히 『이념들 1』에서 이에 대해 다루고 있다.

12 (편집자) 『데카르트적 성찰』 §11. "에포케 안에 머물러 남아 있는 성찰하는 주체로서의 자기, 그리고 그 자신을 모든 주장과 모든 객관적인 정당화들의 절대적인 원천으로 설정하는 자기는 심리학적 자기가 아니며, 심리학적 의미에서의 심리적 현상들, 말하자면 인간 존재의 실재 요소들로 이해된 그러한 자기도 아니다."(불: p. 22)

(옮긴이) 에포케를 통해서 주어지는 '나'는 더 이상 권리상의 영역에 속하는 문제가 아니며 생물학, 인간학, 심리학과 같은 학문들의 대상인 심리학적 자기도 아니다. 오히려 심리적인 자기는 에포케에 의해서 제거되어야 하는 하나의 초월적 대상이다. 현상학적 에포케를 통해서 주어지는 나는 '초월론적 자기'이며 이러한 자기가 세계 안에서 우리의 경험적 의식을 구성한다.

13 (편집자) 후설은 이 문제를 『데카르트적 성찰』 §11 "심리학적 자기와 초월론적 자기"에서 제기한다. 실제로 주석 10에서 후설은 다음과 같이 직접 덧붙인다. "현상학적 에포케를 통해서, 나는 나의 심리적인 삶과 자연적 인간이라는 자기를 현상학적, 초월론적 자기로 환원한다." 그러나 후설에 의하면 [심리적

변들을 보게 될 것인데, 만일 답변이 부정적이라면, 그 결과는 다음과 같다.

(1) 초월론적 장(場)은 비(非)인격적인 것, 혹은 만일 이렇게 말해도 좋다면, "선(先)인격적인(prépersonnel)" 것이다. 그것은 '나가 없는 것'이다.

(2) 나는 인간성의 수준에서 나타날 뿐이며, 그것은 자기의 한 측면, 즉 능동적인 측면일 뿐이다.[14]

자기가 초월론적 자기로 환원될 수 있을지라도) 이 초월론적 자기는 결코 환원될 수 없다.

(옮긴이) 이에 관해서는 다음을 참조할 수 있다. "여기에서 다음과 같은 점을 주의해야 한다. 그것은 환원된 자기가 세계의 부분이 아니듯이, 반대로 세계와 세계의 모든 객체는 나의 자기의 부분도 아니며 나의 의식삶(Bewusstseinleben) 속에서 그것의 내실적 부분으로서, 즉 감각 자료들이나 작용들의 복합으로서 내실적으로 발견될 수 있는 것이 아니라는 점이다. 이와 같은 초월성은, 세계에 속한 모든 것이 그것을 규정하는 모든 의미를 그것의 존재 타당성과 더불어 나의 경험 작용, 나의 그때그때의 표상 작용, 사유 작용, 가치 평가, 행위로부터만—또한 때에 따라 명증적으로 얻고 타당한 존재로도 곧 나 자신의 명증성, 나의 정초하는 작용에서—얻고 또한 얻을 수 있다고 하더라도, 세계에 속한 모든 것의 고유한 의미에 포함된다."(후설, 이종훈 옮김, 『데카르트적 성찰』(한길사, 2009), 70쪽) 즉 §11에서 후설은 심리학적 자기로부터 초월론적 자기를 구별하고, 세계를 초월성으로 규정한다. 이후의 장에서는 초월론적인 자기와 세계의 초월성 구조를 밝혀 양자의 상관관계를 해명하고자 하며, 이러한 문제를 "초월론적이고 철학적인 문제"라 일컫는다.

14 (편집자) 사르트르는 "나(Je)"라는 개념으로 활동적 측면의 인격을 가리키며, "자기(moi)"로는 동일한 인격의 구체적인 심리생리적 총체성을 의미한다.

(3) 나는 생각한다는 우리의 모든 표상들에 동반될 수 있다. 왜냐하면 나는 생각한다는 그 자신이 창조에 기여하지 않은 통일성의 토대에서 나타나며, 반대로 이러한 선제된 통일성이 나는 생각한다를 가능하게 만들어 주기 때문이다.

(4) 인격은 (그것이 단지 나의 추상적 인격일지라도) 의식에 필연적인 동반자인가, 그리고 우리가 비인격적인 절대적 의식들을 구상할 수 없는가라는 물음이 가능하다.[15]

후설은 이 물음에 대답했다. 『논리 연구(*Logische Un-*

이것은 나와 자기가 오직 하나를 이룬다는 것, 그것들이 '자아'를 구성한다는 것, 또한 그것들이 자아의 두 측면일 뿐이라는 것을 의미한다. 여기에서 논의되는 자아의 위상에 관해서는 『존재와 무』, p. 209 이하를 참조하라.
(옮긴이) 사르트르는 『존재와 무』의 2부 2장 3절인 "근원적 시간성과 심적 시간성 반성"에서 다음과 같이 자아의 두 측면들로서 나와 자기를 기술한다. "'자아'는 Je(나, 주어)와 Moi(나, 목적 보어 또는 강조 대명사) 같은 이중의 문법적 형식하에 초월적·심적 통일인 한에서 우리의 인격(人格, Personne)을 나타낸다. 우리는 '자아'인 한에서 사실 주체·권리 주체이고, 능동자·수동자이며, 의지적 발동자이고, 가치 판단 또는 책임에 대한 판단이 가능한 대상이다."(『존재와 무』, 한: 289쪽)
15 (편집자) 이 열거된 결과들은 후설의 후기 작업과는 대립되는 것으로, 사르트르가 변호할 주장들의 기초를 구성하고 있다.

tersuchungen)』에서[16] 후설은 자기가 의식의 종합적이고
초월적인 생산물이라는 것을 검토한 후에 『이념들』[17]에

---

16 (편집자) 『논리 연구 2』 2부 5장 §8 "순수 자기와 의식의 소유".(Husserl, trans. Hubert Élie, Lothar Kelkel & René Schérer(Paris: PUF, 1962), p. 159 이하) 후설의 변화는 『논리 연구』 자체에서 느껴진다. 실제로 후설은 다음과 같이 쓴다. "게다가 사실대로 말하면 나는 내가 필연적인 준거의 중심으로서 이 기원적인 자기를 발견하는 데 결코 이를 수 없음을 인정해야 한다." 결국 그는 (불행하게도) 1913년의 두 번째 판본에서 다음의 주를 덧붙였다. "그 이래로 나는 그것[기원적인 자기]을 찾아내는 법을 배웠다. 또는 차라리 주어진 것의 순수한 포착 속에서 자기에 대한 형이상학의 광신에 빠지는 두려움에 사로잡혀 있을 필요가 없다는 것을 배웠다."

17 (편집자) 광선의 이미지에 관해서는 『이념들 1』 §80 그리고 특히 §57 "순수 나는 [환원으로부터] 배제되는가?"(불: p. 188)를 참조하라. 또한 초월론적 자아의 구성적 문제에 관련해서는 『데카르트적 성찰』 중 제4성찰을 보라.

(옮긴이) 『이념들 1』에서 후설은 '시선광선(Blickstrahl)'과 관련해 순수 자기의 독특한 위상을 언급하고 있다. 먼저 이러한 물음을 던진다. 자연적 존재, 사회적 존재로서의 인간이 판단 중지의 대상이었듯, 순수 나는 판단 중지의 대상인가? 이에 대한 후설의 답변은 다음과 같다. 현상학적 환원을 수행하여 드러난 체험의 흐름 속에서 순수한 나는 "다가오고 흘러가 버리는 모든 체험에 속한다."(한: 195쪽) 후설은 현상학적 환원을 통해 남겨진 순수한 나가 모든 체험에 속한다고 보았다. 그리고 이러한 순수한 나의 "'시선'은 모든 현실적 사유주체를 '통해' 대상적인 것으로 향한다. 이러한 시선광선은 각각의 코기토와 함께 변하며, 새로운 코기토와 함께 새롭게 나타나며 그리고 이러한 코기토와 함께 사라진다."(같은 곳) 즉 현실적인 코기토의 모든 체험들은 이렇게 순수 자기의 광선으로부터 이루어진다는 것이다. 가령 내가 책을 보거나 글을 쓰거나 하는 체험들은 필연적으로 순수한 나의 작용으로부터 이루어진다. 이러한 순수한 나의 시선은 필연적으로 자신으로부터 출발하여 대상으로 향한다.

또한 『데카르트적 성찰』의 제4성찰에서 초월론적 자아는 자아 극(Ichpol)으로 제시된다. 자아 극이란 다양한 지향적 의식들을 포괄하는 역할을 하는 수

서 초월론적 나라는 전통적인 견해로 되돌아간다. 초월론적 나는 각각의 의식들의 배후로서, 이 의식들의 필연적인 구조이다. 초월론적 나의 광선(Ichstrahl)은 주의의 장 안에서 스스로 드러나는 각각의 현상 위로 내리쬔다. 따라서 초월론적 의식은 전적으로 인격적인 것이 된다. 〔그러나〕이 개념은 필연적이었는가? 이 개념은 의식에 대해 후설이 내린 정의와 양립할 수 있는가?

우리는 일반적으로 의식의 통일성과 개별성에 대한 요구에 의해 초월론적 나의 실존이 정당화된다고 믿는다. 이는 나의 의식이 통일되는 이 항구적인 중심에 나의 모든 지각들과 사유들이 관계되기 때문이다. 그리

렴점을 의미한다. 이때 초월론적 자아는 지향적 활동과 관계 맺는 한에서만 존재할 수 있기 때문에 독립된 실체는 아니다. "이미 초월론적 자아는 …… 지향적 대상성과의 관계에서만 바로 초월론적 자아라는 점이 밝혀졌다."(한: 119쪽) 하지만 동시에 초월론적 자아는 다양한 사유 작용들을 가능하게 하는 구성적 역할을 하고, 또한 그것들 모두가 흘러가는 가운데에도 동일한 것으로 남는다. "자아 자신은 지속적인 명증성 속에서 자기 자신에 대해 존재하고 있으며, 따라서 '자기 자신을 존재하는 것으로서 자기 자신 속에서 지속적으로 구성하고 있는 자아'이다. …… 이제 우리는 두 번째 극화 작용(Polarisierung)인 두 번째 종합에 마주치게 된다. 그 종합은 '사유 작용'의 특수한 다양체들 모두를 남김없이 그리고 고유한 방식으로, 즉 동일한 자아의 다양체들로서 포괄한다."(120쪽)

고 내가 '나의' 의식에 대해 말할 수 있고, 피에르와 폴 또한 '그들의' 의식에 대해 말할 수 있기 때문이다. 이 의식들은 서로 구별된다. 나는 내면성(intériorité)의 생산자이다. 그렇지만 현상학이 통일하고 개별화하는 이 나에게 호소할 필요가 없다는 것은 분명하다. 실제로 의식은 지향성(intentionnalité)에 의해 정의된다.[18] 지향성을 통해 의식은 자신을 스스로 초월하고, 스스로 벗어

---

18 (편집자) 사르트르에게는 모든 의식을 통일하고 기초 짓는 인격적인 중심인 초월론적 나가 가정될 필요가 없다. 단지 선인격적이거나 비인격적인 초월론적 장이 있을 뿐이다. 사르트르에게 '초월적'과 '초월론적'은 칸트적 의미로 이해되지 않고, 후설이 『데카르트적 성찰』 §11을 통해 정의했던 의미에서 이해된다. 본래적 의식들을 의미들의 제공자로 임명하는 장을 초월론적이라고 한다. 사르트르가 (매우 칸트적인?) 이 용어를 포기할 것이라는 사실, 그리하여 우리가 『존재와 무』에서는 더 이상 이 용어를 발견하지 못할 것이라는 사실에 주목할 필요가 있다. 『존재와 무』에서 의식은 반성되지 않거나 반성적인 것으로, 자기에 대해 정립적이거나 비정립적인 것으로 간주된다. 더 이상 자아도 없고 마찬가지로 초월론적 장도 없다. 반면 자아의 '초월성'은 근본적인 테제로 남는다. 초월성과 지향성의 개념들은 실제로 상관적이다. "초월성은 의식의 구성적인 구조이다."(『존재와 무』, p. 28) 다시 말해 의식은 대상들에 가닿기 위해 단숨에 그 자신으로부터 떠난다. 이것이 그 유명한 주장 "모든 의식은 어떤 것에 대한 의식이다.(Toute conscience est conscience de quelque chose.)"를 의미한다. 이와 상관적으로 세계와 그것의 대상들(물질적인 것들, 문화적인 것들 등)은 정의상 의식의 '바깥에' 있고 의식에게 절대적 타자인 한에서 의식에 대해 '초월적'이라고 말해진다.

나면서 스스로 통일한다.[19] 내가 둘에 둘을 더해 넷을 만들었고, 만들며, 만들어 낼 수 있게 하는 수없이 많은 능동적 의식들의 통일체, 그것이 바로 '둘 더하기 둘은 넷'이라는 초월적 대상이다. 이 영원한 진리의 항구성 없이 실재적 통일성을 생각하는 것은 불가능할 것이며, 연산하는 의식들의 수만큼이나 환원할 수 없는 수많은 작용들이 있을 것이다. '2 더하기 2는 4'라는 내 표상의 '내용'을 믿는 이들은 통일에 관한 하나의 초월론적이고 주관적인 원리에 호소할 수밖에 없을 것이고, 이때 그 통일의 원리는 나가 될 것이다. 그러나 정확히 말해서 후설은 이런 원리를 필요로 하지 않는다. 대상은 그것을 파악하는 의식들에 대해 초월적이며, 의식들의 통일성이 발견되는 것은 대상에서이다. 우리는 그럼에도 불구하고 의식들의 연속적인 흐름이 그 흐름 바깥에 초월적 대상들을 정립할 수 있기 위해서는 〔의식들

19 (편집자) 지향성에 관해서는 『이념들 1』 2장 3절 §84 "현상학의 핵심 주제로서의 지향성"을 보라. 또한 『상황들(*Situations*) 1』(Gallimard, 1947)에 수록된 사르트르의 「후설 현상학의 근본 이념: 지향성(Une idée fondamentale de la phénoménologie de Husserl: l'intentionnalité)」(pp. 32~35)을 보라.

의 연속적 흐름이라는〕'지속하는' 통일성의 원리가 필요하다고 말할 것이다. 의식들은 과거의 의식들과 현재의 의식의 영속적인 종합이어야 한다. 이것은 틀림없다. 그러나 『시간의식』에서 의식들의 이 주관적인 통일을 탐구했던 후설이 나의 종합하는 힘에 '호소하지 않았다'는 것은 특징적이다. 의식은 그 자신을 스스로 통일한다. 구체적으로 말하자면 의식은 과거의 의식들의 구체적이고 실재적인 과거지향(rétentions)들인 "횡단하는(transversales)" 지향성들의 유희를 통해서 그 자신을 통일하는 것이다. 그러므로 의식은 그 자신에게로 끊임없이 되돌아오며, "하나의 의식"에 대해 말하는 것은 곧 의식 전체에 대해 말하는 것과 같다. 이 고유한 속성은 나와의 관계가 어떠하든 간에 의식 자체에 속한다.[20] 『데카르트적 성찰』에서 후설은 시간 속에서 스스로 통

---

20 (편집자) 현상학적 시간의 자동적 구성(auto-constitution)에 관해서는 『시간의식(*Zur Phänomenologie des inneren Zeitbewusstseins*)』(1904~1910)에서 §39 "과거지향의 이중적 지향성과 의식의 흐름의 구성"을 보라.(Husserl, *La conscience interne du temps*, trans. Henri Dussort(Paris: PUF, 1964), p. 105 이하) 여기에서 후설은 "의식의 흐름이 그것의 고유한 통일성을 구성한다."라고 설명한다.

일하는 의식이라는 이 개념을 전적으로 고수했던 것으로 보인다.[21] 다른 한편으로 의식의 개별성은 명백히 의식의 본성에서 유래한다. 의식은 (스피노자의 실체처럼)[22] 그 자신에 의해 한정될 수 있을 뿐이다. 그러므로 의식은 동형(同形)의 다른 총체성들로부터 전적으로 고립된 종합적이고 개별적인 총체성을 구성하며, 나는 명백히 의식들의 이 소통 불능성과 내면성의 (조건이 아닌) '표현'일 뿐이다. 그러므로 우리는 망설임 없이 다음처럼 대답할 수 있다. 의식의 현상학적 개념은 통일하고 개별화하는 나의 역할을 완전히 무용하게 한다고 말이다. 반대로 나의 나(mon Je)에 대한 통일성과 개별성을 가능하게 하는 것은 의식이다. 그러므로 초월론적 나는 존재할 이유를 가지지 않는다.

23

---

21 (편집자) 『데카르트적 성찰』 제4성찰 §37 "모든 자아론적 발생의 보편적 형식인 시간"(불: p. 63) 참조.

22 (편집자) "나는 실체란 자신 안에 있으며 자신에 의해 생각되는 것이라고 이해한다. 다시 말해 실체는 그 개념이 형성되기 위해 다른 것의 개념을 필요로 하지 않는 것이다."(『에티카』 제1부 정의 3)
이와 유사하게 사르트르는 다음과 같이 쓴다. "의식은 어디까지나 의식이다. 그러므로 의식은 그 자신에 의해 한정될 수밖에 없을 것이다."(『존재와 무』, p. 22)

심지어 그러한 불필요한 나는 해롭다. 만약 초월론적 나가 존재한다면 그것은 의식을 의식 그 자신으로부터 쫓아낼 것이며, 의식을 분할할 것이고, 불투명한 금속 날처럼 각각의 의식에 비집고 들어갈 것이다. 초월론적 나, 그것은 의식의 죽음이다. 실제로 의식은 의식 자신에 대해 의식하는 것이기 때문에 의식의 존재는 하나의 절대성이다. 말하자면 의식의 존재 유형은 자기의식인 것이다.[23] 그리고 의식은 그것이 '초월적 대상에 대한 의식인 한에서' 자기의식이 된다.[24] 그러므로 모든 것은 의식 안에서 명석하고 명증하다. 대상은 그것의 특유한 불투명성으로 의식에 마주하고 있다. 그러나 의식

---

23 (편집자) "문제가 되는 것은 존재의 절대성이지 인식의 절대성이 아니므로, 이는 다음과 같은 유명한 반박으로부터 벗어난다. '인식된 절대성은 더 이상 절대성이 아니다. 왜냐하면 그것은 우리가 그것에 대해 취하고 있는 인식에 상대적인 것이기 때문이다.' 사실상 이때 절대성은 인식 영역에서의 논리적 구성의 결과물이 아니라 가장 구체적인 경험의 주체이다. 그리고 절대성은 이 경험에 '상대적'인 것이 아니다. 왜냐하면 그것은 이 경험'이기' 때문이다. 또한 그것은 '실체적이지 않은 절대성'이다."(『존재와 무』, p. 23)

24 (편집자) "초월성은 의식의 구성적 구조이다. 다시 말해 의식은 자신이 아닌 존재에 의존하여 발생한다. …… 의식은 그 존재 안에 비의식적이고 초현상적인 존재를 포함한다. …… 의식은 그 존재가 그와 다른 존재를 포함하는 한, 의식의 존재에 관해서는 그 존재 안에서 그 존재가 문제가 되는 하나의 존재이다."(『존재와 무』, pp. 28~29)

은 대상에 대한 의식을 의식하는 순수하고 단순한 의식이다. 이것이 의식의 존재 법칙이다. 조금 뒤에 우리가 강조할 반성된 의식의 경우를 제외한다면, 이러한 의식에 대한 의식은 '정립적'이지 않다는 사실을 덧붙여야만 한다. 말하자면 의식은 그 자체로 그 자신의 대상이 아니다.[25] 의식의 대상은 본성적으로 의식 바깥에 있다. 그런 점에서 대상의 '정립'과 '파악'은 의식의 동일한 행위이다. 의식 그 자신은 스스로를 오직 절대적인 내부성으로 이해할 뿐이다. 우리는 이러한 의식을 첫 번째 층위의 의식 혹은 '비반성된' 의식이라고 부를 것이다. 우리는 다음과 같이 물을 수 있다. 이러한 의식 안에 '나'를 위한 장소가 있는가? 그 답은 명백하다. 분명히 없다. 실제로 이러한 나는 (가정상 내부적인 것이므로) 대상도 아니고, 의식을 '위한' 어떤 것인 이상 더 이상 '의식에 대한' 것도 아니며, 의식의 반투명한 성질도 아니다. 어떤 의미로 이러한 나는 의식의 거주자이다. 그것이 형

25 (편집자) "대상에 대한 모든 정립적 의식은 동시에 그 자신에 대한 비정립적인 의식이다."(『존재와 무』, p. 19)

식적이거나 추상적이라고 가정될지라도 인격성을 가진 나는 확실히 하나의 불투명한 중심과 같은 것이다. 그 지점이 3차원이 되는 것은 구체적이고 심리생리적인 자기가 되면서이다. 즉 나는 무한히 수축된 자기이다. 그러므로 만일 우리가 의식에 이 불투명성을 도입한다면, 바로 그 때문에 조금 전에 우리에게 주어진 풍부한 정의는 파괴된다. 우리가 의식을 경직시키고 모호하게 만들어 의식은 더 이상 자발성일 수 없게 될 것이며, 자신 안에 불투명한 씨앗을 지니게 될 것이다. 심지어 우리는 의식을 '실체적'이지 않은 절대성으로 보는 본래적이고 심층적인 관점을 포기하게 된다. 순수 의식은 오직 의식 자신에 대한 의식이기 때문에 하나의 절대성이다. 그러므로 의식은 "존재(être)"와 "출현(apparaître)"이 오직 하나를 이룰 뿐이라는 매우 특별한 의미에서 하나의 "현상(phénomène)"으로 남는다.[26] 의식은 전적으로 가볍고,

---

26 (편집자) "심리적 영역에서는 출현과 존재 사이의 어떤 구별도 없다. ……이 외현들 자체는 외현들의 도움으로 그리고 다시 출현한 것들을 통해서 출현하게 되는 하나의 존재를 구성하지 않는다."(Husserl, *La philosophie comme science rigoureuse*, trans. Quentin Lauer(Paris: .PUF, 1955), p. 83) "현대의 사유는 존재자를 그것을 표명하는 일련의 출현들로 환원함으로써 주목할 만한

전적으로 반투명하다. 바로 이 점에서 데카르트의 코기토와 후설의 코기토는 확연히 구분된다. 그러나 만일 나가 의식의 필연적인 구조라면, 그와 동시에 이 불투명한 나는 절대적 지위로 승격될 것이다. 따라서 우리는 하나의 모나드로서 현존하게 된다. 불행히도 이것이 바로 후설의 새로운 사상적 방향이다.(『데카르트적 성찰』을 보라.)[27] 의식은 무거워지고, 그것이 '비존재인 덕분에' 절대적 존재일 수 있었던 그 특성을 잃어버렸다. 의식은 둔중하고 '무게가 나가는' 것이다. 〔그러나〕 나가 세계와 동등한 지위를 가진 상대적 존재자가 아니라면, 말하자면 나가 의식을 '위한' 대상이 아니라면, 현상학의 모든 귀결들은 금방이라도 무너져 내릴 것이다.[28]

진보를 실현했다. …… 존재(être)와 나타남(paraître)의 이원론은 더 이상 철학에서 시민권을 구할 수 없을 것이다. …… 존재자의 존재는 '나타나는 것'이다. 따라서 우리는 '현상'의 이념에 이른다. 가령 그것은 후설이나 하이데거의 "현상학(Phénoménologie)"에서 마주칠 수 있는 현상 또는 상대성·절대성이다. …… 현상은 그 자체로 연구되고 기술될 수 있다. 그것은 절대적으로 그 자신을 가리켜 보이는 것이다."(『존재와 무』, pp. 1~2)

27 (편집자) "모나드로서 자기의 구체적 충만성"을 다루는 『데카르트적 성찰』 제4성찰과 "모나드론적 상호 주관성인 초월론적 존재 영역의 해명"이라 제목이 붙은 제5성찰을 가리킨다.

28 (편집자) 최근 《철학적 탐구(Études philosophiques)》(1963)에 수록된 데리

2 반성적 의식으로서의 '코기토'

칸트의 "나는 생각한다"는 하나의 가능 조건이다. 데카르트와 후설의 **코기토**는 사실로 확인된 것이다. 사람들은 **코기토**의 "사실적 필연성(nécessité de fait)"에 대해서 말해 왔으며 이 표현은 아주 적절해 보인다. 그러나 이 코기토가 인격적이라는 것은 부정할 수 없다. "'나'는 생각한다" 안에는 생각하는 '나'가 있다. 우리는 여기에서 순수한 나에 도달하며, "자아론(Égologie)"은 바로 이 **코기토**로부터 시작해야만 한다. 그러므로 다음과 같은 사실은 자아론을 시작할 때 도움이 될 것이다. 직접적인 직관을 통해서든 기억에 의지한 직관을

27

다의 「현상학적 심리학: 후설의 1925년 여름학기 강의」에서, 초월론적 의식이라는 후설의 개념을 기원적 영역(archi-région)으로 끌어들이는 어려움이 다시 조명되었다. 데리다는 특히 다음과 같이 쓴다. "후설은 정확히 나의 초월론적 나는 나의 자연적이고 인간적인 나와 근본적으로 다르다고 말한다. 그러나 그는 그것들을 '전혀' 구별하지 않는다. …… (초월론적) 나는 〔자연적이고 인간적인 나와〕 다른 것이 아니다. 그것은 무엇보다도 형이상학적 유령 또는 경험적 자기의 형식이 아니다. 이 모든 유비적인 언어는 고유한 심리적 자기에 대한 절대적 방관자로서의 '나'라는 이론적인 이미지와 은유를 고발하는 데 이르게 한다. 때로 그것은 초월론적 환원을 알리고, 절대적인 초월론적 자아를 마주하고 있는 심리적 자기라는 기이한 '대상(objet)'을 묘사하는 데 사용되는 것이다."

통해서든 우리가 우리의 생각을 파악할 때마다, 우리는 파악된 생각에 관한 '나'를 파악한다. 나아가 이 나는 이 생각과 다른 모든 가능한 생각에 대해 초월적인 것으로 주어진다. 예를 들어 만일 내가 어제 기차 안에서 본 풍경을 떠올리고자 한다면 나는 그 풍경 자체에 대한 기억을 되살릴 수 있겠지만, 또한 '내가' 그 풍경을 보았다는 사실을 되살릴 수도 있다. 이것이 바로 후설이 『시간의식』에서 '기억에서의 반성' 가능성이라고 부르는 것이다.[29] 달리 말해, 나는 어떤 회상이라도 언제나 인격적 방식으로 수행할 수 있다. '나'는 그 즉시 나타난다. 이와 같은 것이 칸트적인 '권리상의' 단언에 대한 '사실상의' 보증이다. 그러므로 내가 파악하는 내 의식들 가운데 나가 갖추어지지 않는 것은 하나도 없는 것으로 보인다.

그러나 우리는 코기토를 기술했던 모든 저자들이 그것을 마치 반성적인 작용처럼, 즉 두 번째 층위의 작

---

29 (편집자) 『시간의식』의 부록 12 "내적 의식과 체험들의 파악"(불: p. 179 이하)을 예로 들 수 있다.

용처럼 제시했다는 것을 기억해야 한다. 그와 같은 **코기토**는 '의식을 향하는' 의식, 즉 의식을 대상으로 취하는 의식에 의해 수행된다. 이에 동의한다고 해 보자. 코기토의 확실성은 절대적이다. 왜냐하면 후설이 말한 바와 같이[30] 반성하는 의식과 반성되는 의식에는 확고한 하나의 통일성이 있기 때문이다.(반성하는 의식은 반성되는 의식 없이는 존재할 수가 없다는 점에서 그러하다.) 그러나 우리가 여전히 하나의 의식이 다른 것에 '대한' 의식인 두 의식의 종합과 마주하고 있다는 것은 변함없다. 그러므로 "모든 의식은 무엇에 '대한' 의식이다.(Toute conscience est conscience *de* quelque chose.)"라는 현상학의 본질적인 원리는 보존된다. 이제 내가 '**코기토**'를 현실화할 때 내 반성하는 의식은 그 자신을 대상으로 취하는 것이 아니다. 의식이 단언하는 것이 반성된 의식과 관련된다는 것은 분명하다. 나의 반성하는 의식이 그 자체에 관한 의식인 한에서, 의식은 '비정립적(non-positionnelle)' 의식

---

30 (편집자) 『데카르트적 성찰』에서 후설이 말했듯, "나는 존재한다(Je suis)" 와 함께 나는 하나의 필증적인 명증성을 파악한다.

이다.* 반성된 의식 그 자체는 반성되기 이전에는 본래 정립적 의식이 아니었으며, 의식은 단지 반성된 의식을 겨냥함으로써 정립될 뿐이다. 따라서 "나는 생각한다"라고 말하는 이 의식은 정확하게 말해 생각하는 의식이 아니다. 즉 이러한 명제적 행위를 통해 반성하는 의식이 정립하는 것은 '그 자신의' 생각이 아니다. 만일 생각하는 '나'가 포개진 두 의식에 공통되거나 오히려 반성된 의식에 대한 '나'가 아니라면, 우리의 요구는 정당화된다. 모든 반성하는 의식들은 사실상 그 자체로 비반성된 것이며, 그것을 정립하기 위해서는 세 번째 층위의 새

29

---

* 비정립적 의식이란 인식적이지 않은 방식의 자기의식을 부르는 사르트르의 용어이다. 후설의 현상학에서 영향을 받은 사르트르에게 모든 의식은 무엇인가에 '관한' 의식이다. 의식은 자신이 상관하는 대상에 관한 정립을 수행한다. 그러나 대상을 인식적으로 정립하기 위해서 의식은 그 지향적 대상에 관한 의식인 동시에 그러한 인식을 정립하는 자기 자신에 대한 의식이어야만 한다. 만일 자기 자신에 대한 의식이 없다면 이러한 의식은 자신을 모르는 의식이 되어 버릴 것이기 때문이다. 그런데 이 경우 자신에 대한 의식은 정립적인 것이 아니다. 왜냐하면 의식은 '하나의' 자발적 활동성이기 때문이다. 따라서 대상에 대한 의식은 동시에 자기 자신에 대해서는 비정립적인 의식이다. 대상에 관한 정립적 의식과 자기 자신에 관한 비정립적 의식은 분할 불가능한 하나를 이룬다. 사르트르가 사용하는 '비명제적 의식(conscience non-thétique), '반성적이지 않은 의식(conscience non-réflexive)', '비반성적 의식(conscience irréfléchie)' 등의 용어 또한 이 비정립적 자기의식을 지칭하는 동일한 표현이다.

로운 행위가 필요하다. 게다가 여기에는 무한 퇴행이 없다. 왜냐하면 하나의 의식은 그 자체로 의식적이기 위해 하나의 반성하는 의식을 조금도 필요로 하지 않기 때문이다. 의식은 그 자신을 대상으로 정립하지 않는다.[31]

---

31 (편집자) 요약하자면 의식에 대한 현상학적 분석은 의식의 세 가지 층위를 구분할 것이다.

(1) 비반성된 의식의 수준인 첫 번째 층위는 자기에 대해 비정립적인데, 왜냐하면 의식은 초월적 대상에 대한 의식인 한에서 자기의식이기 때문이다.

코기토에 관하여 논의되는 것은 두 번째와 세 번째 층위이다.

(2) 두 번째 층위에서 반성하는 의식은 의식 그 자체에 대해 비정립적이지만 반성된 의식에 대해서는 정립적이다.

(3) 세 번째 층위는 두 번째 층위에 대한 명제적 행위이며, 이 행위에 의해 반성하는 의식은 자기에 대해 정립적이 된다.

달리 말해 두 번째 층위의 수준에는 반성에 대한 비반성된 행위들이 있다. 비반성된 의식의 자율성은 『존재와 무』의 서론에서 강조된다.

(옮긴이) 비반성된 의식의 자율성에 대해 사르트르는 다음과 같이 쓰고 있다. "나의 현재의 의식 속에 지향적으로 존재하는 모든 것은 바깥쪽을, 세계를 향하고 있다. 반대로 나의 지각의 이 자발적인 의식은 나의 지각적 의식에서 구성적인 것이다. 다시 말하면, 대상에 대한 모든 정립적 의식은 동시에 그 자신에 대한 비정립적인 의식이다."(『존재와 무』, 한: 22쪽) 예컨대 내가 탁자를 지각한다고 할 때 이 탁자에 대한 지각은 비반성적인 것으로 남고, 따라서 이때의 의식은 자기에 대해 비정립적이다. "즉 최초의 의식은 그것이 의식하고 있는 의식과 완전히 하나이다. 이제 내가 탁자에 대한 의식을 반성할 때 "반성적인 의식은 반성되는 의식을 자기의 대상으로서 정립한다."(같은 곳) 이때 중요한 것은 반성적 행위에 앞서 비반성된 행위들이 있다는 것, 즉 비반성된 의식의 자율성이 있다는 것이다. "내가 이 케이스 속에 들어 있는 담배를 헤아릴 경우, 나는 이 한통의 담배가 가진 하나의 객관적인 성질, 이를테면 '열두 개가 있다'는 것이 개

그러나 정확히 말해 이러한 의식의 활동은 반성된 의식 내에서 자기를 산출하는 반성적 행위가 아닌가? 그러므로 우리는 앞 장에서 제시된 난점들에 빠지는 일 없이, 직관에 의해 파악된 모든 사유가 나를 소유한다는 것을 설명할 것이다. 후설은 반성되지 않은 사유가 반성된 것이 됨에 따라 급진적인 변형을 겪는다는 것을 최초로 알아차렸다.[32] 그러나 이 변형을 "소박함(naïveté)"의 상실로 국한해야 하는가? 변형의 본질은 나의 출현

시(開示)되는 것을 느낀다. 이 성질은 나의 의식에 대해, 세계 속에 존재하는 성질로서 나타난다. 나는 담배를 헤아리는 것에 대해서는 어떤 정립적 의식도 가질 필요가 없다. 나는 나를 '헤아리고 있는 자로서 인식하지' 않는다. …… 그렇다 해도 그런 담배가 열두 개로서 나에게 개시될 때 나는 나의 덧셈 활동에 대해, 하나의 비명제적인 의식을 갖는다. …… 만일 그렇지 않다면, 어떻게 덧셈이 나의 의식들을 통일하는 주제가 될 수 있겠는가? 이 주제가 일련의 통일적, 재인적(再認的)인 종합의 전체를 지배하기 위해서는 이 주제가 사물로서가 아니라, 작용하는 지향으로서 그 자체 앞에 나타나 있지 않으면 안 된다."(같은 책, 22~23쪽) 즉 반성 이전에 비반성된 의식이 있으며, 이것이 사르트르가 '그 자신에 대한 비정립적인 의식'이라 부르는 것이다. "그러므로 반성되는 의식에 대한 반성의 우위를 인정할 어떤 여지도 존재하지 않는다. 반성이, 반성되는 의식을, 그 자신에 대해 드러내 보이는 것이 아니다. 그것과는 정반대로, 비반성적인 의식이 반성을 가능하게 하는 것이다."(같은 곳)

32　(편집자) 『이념들 1』의 서문에서 후설은 현상학이 "우리의 경험과 우리의 사유에 구속된 자연적 태도의 포기를, 요컨대 태도의 급진적 변경을 요구"(불: p. 6)한다고 선언한다. 그리고 "자연적 명제의 급진적 변질"이라는 표제의 §31에서 이에 대해 명확히 밝힌다.(p. 96)

이 아닌가? 우리는 분명히 구체적인 경험에 호소해야 한다. 이는 불가능해 보일지도 모른다. 왜냐하면 정의상 이러한 유형의 경험은 반성적인 것, 즉 나가 동반되는 것이기 때문이다. 그러나 그 자체로 비명제적인 의식인 모든 비반성된 의식은 우리가 참조할 수 있는 비명제적 기억을 남긴다.[33] 이를 위해서는 이 비반성된 의식이 출현했던 완전한 순간을 재구성하려 애쓰는 것으로 충분하다.(정의상 늘 가능한 것이다.) 예를 들어 방금 나는 독서에 푹 빠져 있었다. 나는 나의 독서, 나의 태도, 내가 읽었던 구절들에 대한 정황을 회상하려 애쓸 것이다. 그러므로 나는 이러한 외적인 사항들뿐 아니라 비반성된 의식의 어떤 두께까지도 되살릴 것이다. 그 대상들은 그 의식에 '의해서만' 지각될 수 있었으며, 의식에 상관적인 것으로 남아 있기 때문이다. 이 의식은 결코 내반성의 대상으로서 정립되어서는 안 된다. 이와 반대로 나는 이 비반성된 의식과 일련의 공모를 유지하는 동시에 비정립적인 방식으로 그 내용의 목록을 작성함으로

---

33 (편집자)『시간의식』에서 후설은 비명제적 의식의 비명제적 기억에 호소한다.

써, '비반성된 의식의 시야를 잃지 않고' 소생된 대상들에 주의를 기울여야만 한다. 그 결과에 관해서는 의심의 여지가 없다. 내가 책을 읽는 동안, 책에 '대한' 의식이 있었고 소설의 주인공에 '대한' 의식이 있었다. 그러나 '나'는 이 의식에 거주하고 있지 않았다. 의식은 오직 대상에 관한 의식이었으며 그 자신에 관한 비정립적인 의식이었다. 이제 나는 비명제적으로 파악된 이 결과들을 명제의 대상으로 만들어 다음과 같이 선언할 수 있다. 비반성된 의식 안에는 어떠한 '나'도 없었다고 말이다. 이러한 작용이 작위적인 것이며 명목상의 필요에 의해 고안된 것이라 간주해서는 안 된다. 명백히 이 작용 덕분에 티치너[34]는 『심리학 교과서(*Textbook of Psychology*)』에서 그의 의식에 종종 자기가 부재했다고 말할 수 있었던 것이다. 그러나 티치너는 더 멀리 나아가지 않았고, 자기가 결여된 의식의 상태들을 분류하려 하지 않았다.

---

34 (편집자) 에드워드 티치너(Edward Titchener, 1867~1927)는 미국의 심리학자이다. 빌헬름 분트(Wilhelm Wundt, 1832~1920)의 제자로, 실험심리학에 전념했으며 영미 심리학에 큰 영향을 주었다. 저서로는 『심리학 대요(*An Outline of Psychology*)』(1896)와 여기에서 인용된 『심리학 교과서』(1910~1912) 그리고 『실험 심리학』(1927)이 있다.

의심할 것 없이 사람들은 다음처럼 반박하려 할 것이다. 이러한 작용, 즉 다른 의식을 통해 이루어지는 하나의 의식에 대한 이 반성적이지 않은 파악은 분명히 오직 기억을 통해서 행해질 수 있는 것이며, 그렇기에 반성 행위에 내재하는 절대적 확실성의 혜택을 받지 못한다고 말이다. 그렇다면 우리는 '한편으로는' 반성된 의식 내 나의 현존을 확언하는 특정한 행위에, '다른 한편으로는' 비반성된 의식에서 나가 부재한다고 믿게 만드는 의심스러운 기억에 직면할 것이다. 후자를 통해 전자와 맞설 권리는 없는 듯하다. 그러나 비반성된 의식의 기억은 반성적 의식의 소여들과 대립하지 않는다는 점을 고려하길 바란다. 누구도 나가 반성된 의식 내에서 출현한다는 것을 부정하지 않는다. 단지 그 자체로 의심스러운 본성을 가진 나의 독서에 대한 반성적 기억('나는 읽고 있었다.')을 반성되지 않은 기억에 대립시키는 것이 문제이다. 사실 현재적 반성의 권리는 현재 파악된 의식 그 이상으로 확장되지 않는다. 또한 우리가 지나간 의식들을 복원하기 위해 의지해야만 하는 반성적 기억, 나아가 기억 그 자신의 본성에서 기인하는 의심스

32

러운 특성은 여전히 미심쩍은 채로 남아 있다. 왜냐하면 후설 본인이 시인했듯이 반성은 자발적 의식을 '변형하기' 때문이다. 비반성된 의식의 반성적이지 않은 기억들 모두는 내게 '자기 없는' 의식을 보여 주었고, 다른 한편 의식의 본질직관에 기초한 이론적 고찰들은 나가 "체험들"의 내적 구조의 일부를 이루지 못한다는 것을 인정하게 했다. 그러므로 우리는 비반성된 층위에 '나'라는 것은 없다는 결론을 내려야 한다. 내가 전차를 뒤쫓을 때, 내가 시계를 볼 때, 내가 초상화 감상에 몰입할 때, 나는 없다. 단지 '따라잡아야 하는 전차에 대한' 의식과 같은, 의식에 대한 비정립적 의식이 있을 뿐이다. 사실 나는 대상들의 세계 안으로 빠져든다. 그 대상들은 내 의식들의 통일성을 구성하며, 매력적이고 혐오스러운 성질들, 가치들과 함께 나타난다. 그러나 '자기', 즉 나는 사라졌다. 나는 무화되었다. 그 수준에는 '자기'를 위한 자리가 없다. 그리고 이는 어떤 우연 내지 순간적인 주의의 결핍에 의한 것이 아니라 의식의 구조 자체 때문에 생기는 것이다.

코기토에 대한 기술은 이를 더욱 잘 보여 줄 것이

다. 실제로 우리는 반성 행위가 나와 사유하는 의식을 같은 정도로 그리고 같은 방식으로 파악한다고 말할 수 있는가? 후설은 반성 행위의 확실성이 [특정한] 국면들이나 측면들[에 국한됨] 없이("음영들" 없이)[35] 완전히 파악하는 의식으로부터 비롯된다는 사실을 강조한다. 이것은 명백하다. 이와 반대로, 시공간적 대상은 항상 국면들의 무한성을 통해 나타나며, 그것은 근본적으로 이무한성의 이념적인 통일성일 뿐이다. 의미들, 그리고 영원한 진리들에 관해 살펴보자면, 그것들은 출현할 때 시

---

35 (편집자) 여기에서 사르트르는 독일어 "음영들(Abschattungen)"에 해당하는 개념인 "측면들(profils)", "윤곽들(esquisses)"에 대해서 지각에 관한 후설의 현상학적 이론을 참조하고 있다. 이에 관해서는 『이념들 1』 §41(불: pp. 130~134)을 참조하라. "동일한 사물에 대한 어떤 '모든 측면의', 지속적으로 통일적으로 그 자체 속에 확증되는 경험의식에는 본질 필연성에서 지속적인 나타남의 다양체들과 음영의 다양체들에 관한 하나의 여러 가지 체계가 속한다. 이 다양체들에서 지각 속에 생생하게 스스로 주어져 있음의 특성과 맞아떨어지는 모든 대상적 계기는 규정된 지속성들로 '음영 지어진다.'"(불: pp. 132~133; 한: 148쪽)

사르트르는 가령 『상상계』 1부에서 사유와 지각을 대조한다. "그것은 근본적으로 구별되는 현상이다. 사유는 자기의식적인 지식으로서 단번에 대상의 중심에 위치하며, 지각은 다수의 외양에 대한 종합적 통일로서 완만하게 학습해 간다."(Sartre, *L'imaginaire: Psychologie phénoménologique de l'imagination*(Paris: Gallimard, 1948), p. 18 이하; 한: 30쪽)

간에 대해 독립적인 것으로 주어진다는 점에서 자신의 초월성을 단언한다. 설령 그것들을 파악하는 의식이 시간 속에서 낱낱이 개별화될지라도 말이다. 그렇기에 다음과 같은 물음이 제기될 수 있다. 반성적 의식이 '나는 생각한다'를 파악할 때, 그것은 구체적으로 지속되는 어떤 실재적 순간에 모인 하나의 충만하고 구체적인 의식을 파악하고 있는 것인가? 그 대답은 분명하다. 나라는 것은 구체적 순간으로,[36] 즉 나의 현재적 의식이라는 소멸해 버릴 구조로 주어지지 않는다. 반대로 그것은 이 의식과 모든 의식들 저편에 있는 자신의 영속성을 단언한다. 그리고 나의 존재 유형은 의식의 존재 유형보다는 영원한 진리들의 존재 유형과 훨씬 더 유사하다. 물론

---

36 (편집자) 후설은 이 점을 예상했던 것처럼 보이지만, 그러한 직관을 따르기로 결정하지 않았다. 그럼에도 불구하고 그는 『이념들 1』 §54에서 다음과 같이 기술했다. "확실히 신체 없는 의식, 아무리 역설적으로 들리더라도, 또한 영혼 없는 의식, '인간의 신체성에 영혼을 불어넣지' 않은 의식은 생각해 볼 수 있다. 즉 그 속에서 지향적 경험통일체들―신체, 영혼, 경험적 자아 주체―이 구성되지 않은 체험흐름, 이 모든 경험 개념과 따라서 심리학적 의미에서 체험(어떤 〔……〕 개인의, 동물적 자아의 체험들로서)의 경험 개념도 어떤 지지 발판도 또 어쨌든 어떤 타당성도 갖지 못할 체험흐름을 생각해 볼 수 있다."(불: p. 182; 한: 190쪽)

그것은 수학적 진리와는 그다지 유사하지 않지만 말이다. 데카르트는 **코기토**로부터 사유하는 실체의 관념으로 이행했으며, 그것이 '나'와 '생각한다'가 같은 층위에 있다는 점을 믿었기 때문이라는 점은 명백하다. 조금 전에 우리는 후설이 〔데카르트보다는〕 조금 더 섬세했을지라도, 근본적으로는 동일한 비판에 직면한다는 것을 살펴보았다. 나는 그럼에도 불구하고 후설이, 나가 대상의 초월성이 아닌 "위로부터의(par en dessus)" 초월성이라 불려야 하는 어떤 특수한 초월성이라는 것을 알아보았다는 점을 인정한다. 그런데 무슨 권리로? 만일 현상학과 무관한 형이상학적, 혹은 비판적 선입견들*에 기대지 않는다면, 어떻게 나에 대한 이 특권적인 대우를 설명할 수 있는가? 두려움을 버리고 좀 더 급진적으로,

---

* '비판적 선입견들(préoccupations critiques)'이라는 말은 칸트의 비판철학적 입장을 염두에 둔 것으로 보인다. 『순수이성비판』 재판의 「순수지성개념들의 연역」 §16에서, 칸트는 우리의 의식에 주어지는 모든 직관이 '나는 생각한다'라는 순수한 자기의식, 즉 '초월적 통각'과 필연적으로 관계 맺는다고 말한다. 따라서 의식의 모든 표상에는 '나'가 수반된다는 것이다.(B131~B136) 반면 앞에서 언급했듯 사르트르는 사실의 차원에서 보자면 비정립적 의식에는 결코 '나'가 수반되지 않는다고 말한다.

'모든 초월성'이 에포케에 들어와야 한다[37]고 단언해 보자. 이를 통해 우리는 『이념들 1』의 61절과 같은 난삽한 서술을 면할 수 있을 것이다. 왜냐하면 나는 초월론적 의식과 같은 본성을 가진 어떤 것이 아닌 까닭에, "나는 생각한다" 안에서 나는 그 자체로 초월적인 것으로서 나타나기 때문이다.

또한 나[*]가 반성된 의식으로서 반성에 나타나지 않는다는 것에 주목해 보자. 그것은 반성된 의식을 '통해

---

37 (편집자) 후설은 결코 이것을 인정하지 않을 것이다. 『이념들 1』 §80에 따르면 "선험적으로 순수화된 체험 분야의 일반적 본질 특유성들 가운데 본래 첫 번째 자리는 당연히 '순수(pur)' 사기에 대한 모든 체험의 관계에 돌아가야 한다. 모든 사유주체(cogito), 부각된 의미에서 모든 작용은 자아의 작용으로서 특징지어지며, 작용은 '자아로부터 나오며', 작용은 자아 속에 '현실적으로' '살아 간다.' …… 사유주체의 형식을 폐기할 수 없고 또 작용의 '순수' 주체를 삭제할 수 없다는 사실도 보게 된다. '~을 향해 있음', '~에 몰두해 있음', '~에 태도를 취함', '~을 경험함', '~을 겪음'은 '필연적으로' 자신의 본질 속에서 그것이 바로 자아로부터 그것으로 나아간 것 또는 그 반대의 방향 발산으로 자아로 향한 것이라는 사실을 포함한다. 따라서 이 자아는, 어떠한 환원도 그것에 어떤 손해를 입을 수 없는 순수 자아이다."(불: p. 270; 한: 264~265쪽) 마찬가지로 『데카르트적 성찰』 §8에서도 후설은 다음과 같이 쓰고 있다. [현상학적] 환원 이후에, "나는 나의 사유 작용의 순수한 흐름을 지닌 순수한 자아로서 나를 획득하게 된다."(불: p. 18; 한: 63~64쪽)

* 원문은 il(그, 그것)로, 문법상 '나는 생각한다'와 '나' 모두 가리킬 수 있다. 여기에서는 나의 명증성에 대한 논의가 이어지는 맥락을 고려해 나로 번역했다.

서' 주어진다. 물론 그것은 직관에 의해 파악되는 것이며 명증성의 대상이다. 그러나 우리는 후설이 명증성의 다양한 종류를 구별함으로써 철학에 기여한 바를 안다.[38] 즉 나는 생각한다의 나가 필증적이거나 충전적인 명증성의 대상이 아니라는 것만은 매우 분명하다. 우리는 '나'라고 말하면서 우리가 아는 것 이상을 단언하기 때문에, 이 명증성은 필증적이지 않다. 나는 그 내용을 펼쳐야 하는 불투명한 실재로서 출현하기 때문에 이 명증성은 충전적이지 않다. 물론 나는 의식의 원천으로서 표명된다. 그러나 우리는 이것 자체에 관해 반성할 수밖에 없다. 실제로 나는 물속 깊은 곳의 자갈처럼, 의식을 통해서 판명하지 않게, 모호하게 나타난다. 또한 그러한 점에서 나는 시작부터 기만적인 것이다. 왜냐하면

---

38 (편집자) 명증성의 이 다양한 종류는 『이념들 1』 §3에서, 그리고 이후 『데카르트적 성찰』 초판의 §6에서 정의된다.

(옮긴이) 후설은 명증성(Evidenz)을 '사태나 대상에 사고가 맞아떨어지는 일치'라고 표현한다. 그리고 명증성이 완전할 때, 이 완전한 명증성을 크게 두 가지로 구분한다. 충전적(adäquat) 명증성이란 주어진 사태와 사고가 일치하는 것, 즉 대상이 충족되는 것을 의미한다. 반면 필증적(apodiktisch) 명증성은 주어진 사태가 존재하지 않음을 결코 의심할 수 없는 것을 의미한다.

우리는 의식을 제외하고는 어떤 것도 의식의 원천일 수 없다는 것을 알고 있기 때문이다. 게다가 만일 나가 의식의 일부를 이룬다면, 반성하는 의식의 나와 반성된 의식의 나라는 '두 가지' 나가 있게 될 것이다. 후설의 제자 핑크[39]는 에포케를 통해 해방된, 초월론적 의식의 나라는 세 번째 나까지도 알고 있었다. 핑크는 기꺼이 세 가지 나라는 문제에 따르는 난점들을 언급한다. 이 문제는 단적으로 해결 불가능하다. 왜냐하면 의식의 실재적 요소들로 가정될 두 가지 나인 반성하는 나와 반성된 나 사이에 소통이 수립된다는 것을 승인할 수 없기 때문이며, 그것들이 최종적으로 유일한 하나의 나로 일치되는 일 또한 결코 승인할 수 없기 때문이다.

이러한 분석의 결론으로, 다음을 확인할 수 있을 것이다.

(1) 나는 '존재자(existant)'이다. 나는 수학적 진리들이나 의미 작용들, 혹은 시공간적 존재들의 실존과는

---

39 (편집자) 오이겐 핑크(Eugen Fink, 1905~1975)의 「현대의 비판 안에서 에드문트 후설의 현상학적 철학(Die phänomenologische Philosophie E. Husserls in der gegenwärtigen Kritik)」, 《칸트 연구(Kantstudien)》(1933).

분명히 차이 나는 구체적인 실존 유형을 가지고 있으나, 그럼에도 역시 실재적이다. 나 자신에게 나는 초월적인 것으로 주어진다.

(2) 나는 반성된 의식의 배후에서 늘 비충전적인 방식으로 나를 파악하는 특별한 종류의 직관에 인도된다.

(3) 나는 오직 반성 행위를 계기로 나타날 뿐이다. 이 경우 의식의 복잡한 구조는 다음과 같다. 반성된 의식으로 인도되는 반성에 대한 비반성된 행위가 있다. 이 행위에는 나가 없다. 반성된 의식은 반성하는 의식의 대상이 되는데, 그럼에도 불구하고 〔이 의식은〕 (의자, 수학적 진리 등과 같은) 자신의 고유한 대상을 확언하기를 멈추지 않는다. 이와 동시에 새로운 대상이 나타난다. 이 새로운 대상은 반성적 의식에 대한 확언의 계기이다. (비반성된 의식은 현존하기 위하여 반성적 의식을 필요로 하지 않는 절대적인 것이기 때문에) 결과적으로 이 새로운 대상은 비반성된 의식과 같은 층위에 있지 않으며, (의자 등의) 비반성된 의식의 대상과 같은 층위에 있지도 않다. 반성적 행위의 이 초월적인 대상, 이것이 나이다.

37

(4) 초월적인 나는 현상학적 환원의 적용을 받아야만 한다. 코기토는 너무 많은 것을 확언했다. 의사(pseudo) "코기토"의 확실한 내용은 "나는 이 의자에 대한 의식을 '가지고 있다.'"가 아니라 "이 의자에 대한 의식이 '있다.'"이다. 이 내용은 현상학적 탐구를 위한 무한하며 절대적인 장을 구성하기에 충분하다.

3 자기의 '질료적 현존'에 관한 이론

칸트와 후설에게 나는 의식의 형식적 구조이다. 우리는 나가 결코 순수한 형식이 아니라는 점을, 심지어 나가 늘 추상적으로 고안된 것이라 해도, 그것이 질료적 자기의 무한한 수축이라는 점을 보이고자 했다. 그러나 한 걸음 더 나아가기에 앞서, 우리는 심리학적인 이유로 우리의 모든 의식 내 자기의 질료적 현존을 확언하는 순수 심리학적 이론으로부터 벗어나야만 한다. 도덕주의자들의 "자기애(amour-propre)"에 관한 이론에 따르면 자신에 대한 사랑, 결과적으로 자기는 수없이 많은 다양한 형식을 가진 모든 감정들 안에 감추어져 있다. 아주 일반적으로 자기는 스스로를 향하는 이러한 사랑과 관련해, 그가 욕망하는 모든 대상을 '그 자신을 위해서' 욕망한다. 나의 각각의 행위의 본질적인 구조는 '자기로의 복귀'이다. "자기 회귀(retour à moi)"는 모든 의식을 구성하는 것이 된다.

자기 회귀가 의식에 전혀 나타나지 않는다는 이유로 이 명제에 반대하는 것은 문젯거리가 되지 않는다. 우리는 이에 대해 기꺼이 동의할 수 있다. 예를 들어 내가 목이 마를 때 물 한 잔을 본다면, 그것은 나에게 욕망할 만한 것으로 나타난다. 라로슈푸코는 무의식을 처음 활용한 사람 중 하나이다. 비록 그가 그것을 무의식이라 명명하지는 않았을지라도 말이다. 그에게 자기애는 아주 다양한 형식들 아래에 '감춰진다.' 자기애는 파악되기에 앞서 추적되어야만 한다.[40] 더 일반적으로 말해서

40 (편집자) "자기애는 자기 자신에 대한 사랑이며, 자신을 위해 모든 것을 사랑하는 것이다. 자기애는 인간들로 하여금 그 자신을 숭배하도록 만들며, 만일 운명이 수단으로 주어진다면, 그들은 타인들의 지배자가 될 것이다. 자기애는 자기를 제외하고 결코 어떤 것에도 의존하지 않으며, 자신이 고유하다는 것을 이끌어 내기 위해서, 마치 꽃들 위의 꿀벌과 같이, 낯선 주체들에 머무를 뿐이다. 그 어떤 것도 자기애의 욕망보다 격렬하지 않고, 그 어떤 것도 그

사람들은, 자기가 의식에 나타나지 않을 때, 그것이 우리의 모든 표상들과 욕망들을 끌어당기는 극으로서, 의식 배후에 숨겨진다는 것을 결과적으로 받아들였다. 그러므로 자기는 자신의 욕망을 충족하기 위해 대상을 얻고자 애쓴다. 달리 말하자면, 목적으로 주어지는 것은 바로 욕망(또는 만일 이쪽을 선호한다면, 욕망하는 자기)이며 욕망된 대상은 수단이다.

그런데 우리가 보기에 이런 명제에 대한 관심은 심리학자들이 매우 흔히 저지르는 오류를 부각하는 듯하다. 오류는 반성 행위들의 본질적 구조를 비반성적인 행위들의 본질적 구조와 혼동하는 데 있다.[41] 그들은 하나

것의 의도보다 '은밀하지' 않으며, 그 어떤 것도 그것의 행위보다 교묘하지 않다. 자기애의 유연성은 표상될 수 없으며, 그것의 변형(transformation)은 변신(métamorphose)을, 그리고 화학의 정제(精製)를 능가한다. 우리는 자기애의 깊이를 잴 수 없으며, 그 심연의 어둠을 관통할 수 없다."(라로슈푸코,『잠언집』(1693) 부록)

41 (편집자) 하나의 의식에 대해 항상 가능한 두 가지 존재의 이중 형식과 반성 이전의 자율성의 보장에 관해서는『존재와 무』서문을 참조하라.

(옮긴이)『존재와 무』서문에서 사르트르는 존재와 현상의 이원론을 폐기한다는 기획을 선언하며, 오히려 의식에 주어지는 것인 현상에서 출발하여 존재의 두 가지 형태인 즉자존재(être-en-soi)와 대자존재(être-pour-soi)를 각기 확립하고 있다. "일단 우리가 니체의 이른바 '배후 세계의 착각'에서 벗어나 나타남의 배후에 있는 존재를 더 이상 믿지 않는다면, 나타남은 반대로 충실한 확실성

의 의식에 언제나 두 가지의 가능한 존재 형식이 있다는 것을 간과했다. 관찰된 의식들이 비반성된 것으로 주어질 때마다, 그들은 자신들이 무의식적인 것이라 경솔하게 주장하는 반성적인 구조와 그것들을 겹쳐 놓는다.

나는 피에르를 동정하고, 그에게 도움을 준다. 이때 나의 의식에는 오직 단 하나, 바로 도움을 받아야 할 에르만이 존재한다. 이러한 '도움을 받아야 할' 성질은 에르에게서 발견된다. 이 성질은 자기에게 어떤 힘으로 작한다. 아리스토텔레스는 욕망하는 자를 움직이게 하는 것 욕망할 만한 것이라는 점을 말한 바있다. 이러한 수준 서 욕망[42]은 원심성을 가진 것으로

이 된다. 그 본질은 '나타나는 것(pa   )'이고, 이것은 이미 존재에 맞서는 것이 아니라 오히려 존재의 척도가 된다.   재와 무, 한: 12쪽) 그리고 이렇듯 존재의 척도가 되는 것으로서 현상이 의식에   진다고 할 때, 이 의식의 활동이 일차적으로 '반성 이전의(préréflexif)' 자율적   동임을 강조한다.

42 (편집자) 욕망에 대한 현상학적 기술은 『존재와   (pp. 451~468)에서 발전된다.

(옮긴이) 욕망에 관한 사르트르의 기술은 이보다 먼저 『상   서 발견된다. 이곳에서 사르트르는 기존의 심리학자들과 소설가들이 일종의   성의 유아론에 빠져 있다는 사실을 비판하고 있다. 이들은 감정을 그것의 의   으로부터 고립시켜 버렸다. 그러나 "사실 정서적 상태들은 존재하지 않는다.   기쁨, 고뇌, 우울은 의식이다. 그리고 우리는 그것들을 의식의 대법칙에 적용해   한다. 모든 의식은 무엇인가에 대한 의식이다. 한마디로 감정이란 특수한 지향

자아의 초월성　　　　59

서 의식에 주어진다. (욕망은 스스로 그 자신을 초월한다. 그것은 "존재 해야 할(devant-être)" 명제적 의식이고, 스스로에 대해서는 비명제적 의식이다.) 또한 욕망은 비인격적인 것으로 의식에 주어진다. (거기에 자기는 없다. 나는 이 잉크병의 색깔과 대면하고 있는 것처럼 피에르의 고통과 대면하고 있다. 했거나 혹은 해야 할 행위들과 사물들의 대상적 세계가 있고, 그러한 행위들은 그것들을 요구한 사물들의 성질처럼 덧붙을 것이다.) 그런데 자기애 이론가들로부터 완벽하게 벗어나

성을 가지며, 감정은 스스로를 초월하는 …… 하나의 방식을 표상한다. 증오는 누군가에 대한 증오이고, 사랑은 누군가에 대한 사랑이다."(윤정임 옮김, 『상상계』(기파랑, 2010), 137쪽)

덧붙여 우리는 라로슈푸코에 관하여 『상상계』에서도 본문에서와 동일한 어조의 비판을 제기하고 있다는 사실을 확인할 수 있다. "고전주의 심리학은(그리고 라로슈푸코도 이미) 감정이 어떤 주관적 색채처럼 의식에 나타난다고 주장한다. 이것은 반성하는 의식과 비반성적 의식을 혼동하는 일이다. …… 증오의 감정은 증오에 대한 감정이 아니다. 그것은 폴을 증오로 대하는 의식이다. 사랑은 무엇보다도 사랑 자체에 대한 의식이 아니다. 그것은 사랑받는(사랑의 대상이 되는) 사람의 매력에 대한 의식이다."(같은 책, 138쪽) 즉 감정은 대상에 대한 지향적 의식이며, 그 자체에 대한 비반성적 의식인 것이다.

이와 동일한 내용이 『존재와 무』 3부 3장 2절에서도 발견된다. 여기에서 사르트르는 욕망이 비반성적인 층위, 비정립적 의식의 층위에 있다는 사실을 분명히 한다. "욕망은 그 자신이 비반성적인 것이다."(『존재와 무』, 한: 638쪽) 그리고 이 욕망은 그 스스로 대상으로 정립될 수 없으며, 그것의 대상화는 오직 반성적 의식에 의해 이루어진다.

지 못했다고 가정해 보자. 그들에게 이 욕망의 최초의 순간은 완전하고 자율적인 한 순간으로 고려되지 않는다. 그들은 그 배후에 알려지지 않은 것으로 남겨진 다른 상태를 상상했다. 예를 들어 내가 피에르를 돕는 이유는, 그의 고통의 시선이 나에게 초래한 불쾌한 상태를 멈추기 위해서라는 것이다. 하지만 이 불쾌한 상태가 그런 식으로 간주될 수 있고, 또 우리가 그것을 없애려고 시도할 수 있는 것은 오직 일련의 반성 행위를 통해서이다. 실제로 비반성된 층위에서의 불쾌는, 동정에 대한 비반성된 의식과 같은 방식으로 스스로를 초월한다. 이것이 어떤 대상의 불쾌한 성질에 대한 직관적인 파악이다. 그리고 불쾌는 욕망이 동반되는 한에서, '그 자신'이 아니라 불쾌한 대상의 제거를 욕망한다.[43] 그러므

---

43 (편집자) 『감정의 현상학적 이론의 소묘』(Paris: Hermann, 1939)(pp. 32~33)에 따르면 감정은 무의식적인 것이 아니라 그 자신을 비명제적으로 의식하는 비반성된 행위이며, 그것이 스스로를 명제적으로 의식하는 방식인 것과 마찬가지로, 사물들의 성질로서 스스로를 초월하고 세계를 파악한다. 감정은 "세계의 변형(transformation du monde)"이다.
(옮긴이) 이 책은 『감정론 소묘』와 동일하다. 번역에서는 *Esquisse d'une théorie des émotions*(Hermann, 1995)를 참고했다.

로 동정 어린 행위의 근본적 원인이라 할 수 있는 불쾌한 상태를 동정에 대한 비반성된 의식 배후에 놓을 필요가 없다. 만약 불쾌에 대한 이러한 의식이 스스로 불쾌한 상태로 자신을 정립하기 위해 그 자신에게 돌아오지 않는다면, 우리는 영원히 비인격적이고 비반성된 것으로 남아 있을 것이다. 결국 이것조차 깨닫지 못한 자기애 이론가들은, 반성된 것을 최초의 것이고 본래의 것이며 무의식 속에 숨겨진 것이라고 가정한다. 이와 같은 가정이 부조리하다는 것은 강조할 필요도 없다. 설령 무의식이 존재한다 할지라도,[44] 그것이 반성된 형식의 자발성들을 내포한다고 누가 믿겠는가? 반성된 것의 정의는 의식에 의해 정립된 것이지 않은가? 게다가 반성된 것이 비반성된 것에 앞선다고 어떻게 인정하겠는가? 물론 우리는 특정한 경우에 의식이 반성된 것으로 직접 나타난다고 생각할 수 있다. 그러나 설령 그렇다고 해도 비반성된 것은 반성된 것에 대해 존재론적 우위를 가진

44 (편집자) 프로이트적 무의식을 상정하는 것에 관해서는 『존재와 무』 1부 2장인 「자기기만」(pp. 88~93) 그리고 4부 2장 1절 "실존적 정신분석"(pp. 643~663)을 보라.

다. 왜냐하면 비반성된 것은 존재하기 위해서 반성된 것을 전혀 필요로 하지 않으며, 또한 반성은 두 번째 층위에서 의식의 개입을 가정하기 때문이다.

따라서 우리는 다음과 같은 결론에 도달한다. 비반성된 의식은 자율적인 것으로 고려되어야 한다.[45] 비반

---

45 (편집자) 사르트르는 항상 이러한 비반성된 의식의 자율성의 근거가 의식들의 본질인 지향성에서 발견된다고 강조할 것이다. 반성된 것에 대한 비반성된 것의 존재론적 우위라는 이 개념은 모든 관념론을 제거하는 유일한 근본적 수단이기에 이후 사르트르의 작업에서, 특히 『상상력』, 『감정론 소묘』, 『상상계』 그리고 『존재와 무』의 중심에 놓인다.

(옮긴이) 『감정론 소묘』에서 사르트르는 '비반성적 행위'의 본질을 고찰함으로써 비반성적 의식의 자율성을 도출하고 있다. 그는 먼저 우리의 행위가 이루어지는 방식에 관한 일반적 속견으로부터 논의를 시작한다. "우리는 행위가 비반성적인 것으로부터 반성적인 것으로의, 세계로부터 우리 자신으로의 거듭되는 이행이라는 것을 너무나 쉽게 믿는 경향이 있다."(Sartre, *Esquisse d'une théorie des émotions*, p. 72) 이러한 속견에 따르면 비반성적 층위에서 반성된 층위에로 나아가고 또 되돌아오는 지속적인 운동이 우리의 행위를 구성한다. 물론 우리가 우리의 행위에 대해 반성할 수 있다는 것은 확실하다. 그러나 "〔세계〕에 '관한' 그 작용은 〔즉 행위는〕 일반적으로 주체가 비반성적 층위를 떠나는 일 없이 실행된다. 가령 이 순간 내가 글을 쓰고 있지만 내가 글쓰기에 관하여 의식하고 있지는 않〔은 것처럼 말이다.〕"(ibid., p. 73) 사르트르는 이러한 논증에 대해 '습관'이라는 명목으로 비판이 제기될 수 있다는 사실 또한 제시한다. 즉 내가 글자들을 써 내려가는 동안 나의 손으로 글을 쓰는 움직임에 대해 무의식적일 수 있는 것은 단지 그것이 나의 습관에 해당하는 행위이기 때문이라는 것이다. 그러나 사르트르는 두 가지 방식으로 이러한 반론의 문제점을 지적한다. 우선 첫 번째로 내가 글을 쓰는 습관을 가지고 있다는 사실을 인정한다손 치더라도, "내가 결코 '그러한' 말들을 '그러한' 방식으로 작성하는 습관을 가지고 있

성된 의식은 전혀 완성될 필요가 없는 하나의 총체성이다. 우리는 단지 비반성된 욕망의 성질이, 대상을 욕망할 만한 성질들로 파악하면서 그 스스로를 초월하는 것임을 이해해야 할 뿐이다. 모든 것은 마치 우리가 따뜻함, 냄새, 형태 등의 성질들뿐 아니라 불쾌감을 주는, 마음을 사로잡는, 매력적인, 유익한 성질들을 가진 대상들의 세계 안에서 살아가는 것처럼, 그리고 그러한 성질들이 우리로 하여금 특정한 행위들을 실행하게 하는 힘인

42

지 않다."(ibid.)라는 사실 때문이다. 그리고 둘째로 글쓰기가 결코 무의식의 소산일 수 없다는 사실을 지적한다. "실제로 글쓰기[는] 결코 무의식적인 것이 아니며, 그것은 나의 의식의 실제적인 구조이다. 단지 그것은 그 자체[즉 내가 글을 쓰고 있다는 것 자체]에 '대한' 의식이 아닐 뿐이다. 글을 쓰는 것은 그 말들이 나의 펜 아래에서 태어나는 것인 한에서 '말들에 대해' 능동적으로 의식하는 일을 유지하는 것이다."(ibid.) 여기에서 사르트르가 강조하고 있는 것은 글쓰기가 결코 무의식적인 행위가 아니라는 것, 그러나 그와 동시에 글을 쓸 때 나는 비반성적인 차원에서 행위를 수행한다는 것이다. 언뜻 보기에 양립 불가능한 이러한 두 명제가 동시에 성립할 수 있는 것은 그가 '의식'과 '반성'을 구분하기 때문이며, 더 정확히 말하자면 '비반성적인 의식'이라는 층위를 제시하기 때문이다. 즉 결론적으로 "여기에서 중요한 것은 오직 비반성적인 자발적 의식으로서의 행위가 세계 내에 하나의 특정한 존재론적 지층(couche)을 구성한다는 점을 보여 주는 것이고, 반대로 행위를 하기 위해 그 자신을 행위하는 것으로서 의식할 필요가 없다는 점을 보여 주는 것이다. 요약하자면 비반성적인 행위는 비의식적인 행위가 아니다. 그것은 자기에 대한 비정립적인 의식이다. 그리고 자기에 대해 명제적으로 의식적이 되는 방법은 스스로를 초월하는 것이고 그 자신을 세계 내 사물들의 하나의 성질로 파악하는 것이다."(ibid., pp. 76~77)

것처럼 일어난다. 반성의 경우, 즉 오직 이 경우에만 정서는 그 자신을 욕망, 공포 등으로 정립한다. 그리고 나는 이러한 반성의 경우에서만 '"나'는 피에르를 증오한다', '나는 폴을 동정한다' 등을 생각할 수 있다. 그러므로 사람들이 주장해 온 바와 달리, 자아의 삶(vie égoïste)이 위치하는 곳은 이 반성의 층위이며, 비인격적 삶이 위치하는 곳은 비반성된 층위이다. (물론 이것은 모든 반성적 삶이 반드시 이기적(égoïste)이라고 말하고자 하는 것도 아니고, 모든 비반성된 삶이 반드시 이타적(altruiste)이라고 말하고자 하는 것도 아니다.) 반성은 욕망을 '타락시킨다.'[46] 비반성된 층위에서 내가 피에르를 돕는 것은 그가 '도움을 받아야 할' 피에르이기 때문이다. 그러나 나의 상태가 갑자기 반성된 상태로 변형된다면, 흔히 자기가 말하는 것을 자기가 듣는다고 할 때의 의미에서처럼, 나 자신의 행동을 보고 있는 내가 있다. 나를 끌어당기는 것은 더

---

46 (편집자) 이는 방탕아의 경우와 마찬가지 방식이다. 방탕아는 그 자체 욕망할 만한 것인 그 자신의 욕망을 욕망할 만한 대상으로 대체한다. 이렇게 방탕아는 욕망을 그 즉시 타락시킨다. 어쨌든 방탕아는 소박한 욕망과의 관계를 통해 욕망이 근본적인 변질을 겪게 만든다. 이에 관해서는 『존재와 무』, p. 454를 참조하라.

이상 피에르가 아니라, 지속되어야 할 것으로서 나에게 나타나는, 〔피에르를〕 돕고자 하는 '나의' 의식이다. 심지어 내가 '그것이 좋은 것'이기 때문에 나의 행위를 추구해야만 한다고 생각할지라도, 그 좋음이 '나의' 행위와 '나의' 동정 등을 규정한다. 라로슈푸코의 심리학은 그 지위를 회복한다. 그럼에도 불구하고 라로슈푸코의 심리학은 '참'이 아니다. 나의 반성적 삶이 그것의 '본질상' 나의 자발적인 삶을 타락시킨 것이라면, 그것은 나의 과오가 아니다. 더구나 나의 반성적 삶이란 일반적으로 자발적인 삶을 전제한다. '타락'하기 전의 나의 욕망들은 순수한 것이었다. 이것이 바로 욕망들을 타락시켰던 것들에 대한 나의 관점이다. 라로슈푸코의 심리학은, 오직 반성적 삶으로부터 기원하는 특정한 감정들 (sentiments)*에 관해서만 참일 뿐이다. 말하자면 그것들은 대상을 향해 자신을 초월하는 것이라기보다는, 우선

---

* 사르트르가 '감정'을 표현하기 위해 쓰는 단어로는 émotion, sentiment, affectivité가 있다. 혼동의 여지를 최소화하기 위해 émotion과 sentiment을 감정으로, affectivité를 정서로 구분해 번역했으며, sentiment을 감정으로 번역한 경우 émotion과 구별하기 위해 원어를 병기했다.

'나의 감정들'로 주어진 것이다.

그러므로 "세계 내부의" 의식에 대한 순수 심리학적 검토는 현상학적 연구와 동일한 결론으로 우리를 이끈다. 자기는 비반성된 의식의 상태들 '안'에서도 또 그 '배후'에서도 발견될 수 없다. 자기는 오직 반성적 지향의 노에마적[47] 상관물로, 반성 행위와 함께 나타날 뿐이다. 우리는 나와 자기가 오직 하나가 될 뿐임을 알아차리기 시작했다. 나와 자기는 자아의 두 측면일 뿐이다. 우리는 이 자아가 무한히 이어지는 반성된 우리 의식들의 이념적(노에마적)이고 간접적인 통일을 구성한다는 것을 보여 주려고 한다.

---

47 (편집자) "노에마(noême, 노에마적)"와 "노에시스(noèse)"라는 용어는 후설의 현상학으로부터 유래한 것이다. 『이념들 1』 3장 3절을 살펴보라. 사르트르는 이 용어들의 정의를 『상상력』 4장(p. 153 이하)에서 간략하게 제시하고 있다. "현상학자들은 사실상 세계를 괄호 속에 넣어 버렸지만, 그렇다고 그것을 잃어버리지는 않았다. 의식과 세계의 구분은 그 의미를 잃었다. 이제는 그 절단이 달리 이루어져서, 의식적 종합의 실재적 구성 요소들의 총체(질료와 그 질료를 활성화하는 상이한 지향적 행위들)와 다른 한편으로는 이 의식에 깃들여 있는 의미를 구별한다. 구체적인 심적 현실은 노에시스라고 이름 붙여지고, 거기에 깃들게 될 의미는 노에마라고 칭해질 것이다. 예를 들어 '지각된 꽃이 핀 나무'는 내가 이 순간 지니고 있는 지각의 노에마이다. 그러나 실재하는 각각의 의식에 속해 있는 이 '노에마적' 의미는 그 자체로는 전혀 실재하는 것이 아니다." (지영래 옮김, 『상상력』(기파랑, 2010), 217~218쪽)

나, 그것은 행위들의 통일성으로서의 자아이다. 자기, 그것은 상태들의 그리고 성질들의 통일성으로서의 자아이다. 이 하나의 동일한 실재의 두 측면들 사이에 사람들이 설정하는 구분은 문법적인 것까지는 아니지만 단지 기능적인 것으로 나타난다.

2부 자아의 구성

자아는 반성된 의식들의 직접적인 통일이 아니다. 이 의식들에는 '내재적' 통일이 존재하는데, 그것은 그 자신의 통일로 그 자신을 구성하는 의식의 흐름이다.[48] 그리고 상태들, 행위들이라는 '초월적' 통일이 존재한다. 자아는 상태들 및 행위들의 통일이며, 필요하다면 성질들의 통일이라 부를 수도 있을 것이다. 자아는 이러한 초월적 통일들의 통일이며 그 자체 초월적인 것이다. 그것은 비반성된 태도의 대상 극(pôle-objet)으로, 종합

---

48 『시간의식』을 참조하라.

적 통일의 초월적 극이다. 이 극은 오직 반성의 세계 안에서 출현할 뿐이다. 우리는 '상태들', '행위들', '성질들'의 구성, 그리고 이러한 초월성[49]들의 극으로서 자기의 출현을 차례대로 검토할 것이다.

---

49 (편집자) 2부에서 주제화되고 있는 상태들, 행위들, 그리고 성질들과 자아의 관계의 문제는 『존재와 무』 2부 2장 「시간성(La temporalité)」(p. 209 이하)에서 다시 간략하게 언급될 것이다.

(옮긴이) 해당하는 구절은 다음과 같다. "'자아'의 성질은 수많은 잠재성, 잠복성, [잠재태]의 총체를 나타내며, 그런 것들은 (그리스어의 헥시스[소질, 천성]라는 의미에서의) 우리의 성격과 습성을 구성한다. 성격이 급하다, 부지런하다, 질투심이 많다, 야심적이다, 음란하다 등은 하나의 '성질'이다. 그러나 그런 것과 더불어 우리의 경력에서 유래하는 성질, 우리가 '습성'이라고 부르고 있는 것도 인정해야 한다. 나는 늙은이 같고, 기력을 잃었으며, 까다로울 수 있다. 나는 보수적일 수도 있고 진취적일 수도 있다. 나는 '성공한 결과, 자신감을 얻은 사람'으로 생각될 수도 있고, 그 반대로 (오랜 병 끝에) '차츰 병자 같은 취미와 습성과 성생활이 몸에 밴 사람'으로 생각될 수도 있다. 자아의 '상태'는 '[잠재태]적으로' 존재하는 성질과는 반대로, 현세적으로 존재하는 것으로서 주어진다. 증오, 사랑, 질투는 상태이다. 질병도 그것이 병자에 의해 심리생리적 실재로서 파악되는 한에서 하나의 상태이다. 마찬가지로 나의 인격에 대해 외부에서 따라붙어오는 수많은 특징들은 내가 그렇게 살고 있는 한에서 '상태'가 될 수 있다. 예를 들면(어느 특정한 인물과의 관계에서) 부재, 망명, 불명예, 승리 따위는 상태이다. …… '행위'라는 것은, 대자가 자기 자신의 가능성인 한에서가 아니라, 행위가 대자가 살아야 하는 초월적인 하나의 심적 종합을 나타내고 있는 한에서, 인격의 모든 종합적 활동성, 다시 말하면 목적에 대한 수단의 모든 배치라는 뜻으로 이해해야 할 것이다. 이를테면 권투 선수의 연습은 하나의 행위이다. 왜냐하면, 그 연습은 '대자'를 초월하여 '대자'를 지탱하고 있지만, 한편으로 대자는 이 연습 속에, 그리고 이 연습에 의해 자기를 실현하기 때문이다."(『존재와 무』, 한:

1 의식의 초월적 통일로서의 '상태'

'상태'는 반성적인 의식에 나타난다. 그것은 의식에 주어지고, 구체적인 직관의 대상이 된다. 만약 내가 피에르를 증오한다면, 피에르에 대한 나의 증오는 반성을 통해 내가 파악할 수 있는 하나의 상태이다. 이 상태는 반성적인 의식의 시선 이전에 '현존한다.' 그것은 '실재적인' 것이다. 이로부터 상태가 내재적이고 확실하다는 결론을 이끌어 내야 하는가? 물론 아니다. 우리는 반성을 하나의 불가사의하고 오류 불가능한 힘으로 만들어서는 안 되며, 그것이 반성에 의해 획득되는 것이기 '때문에' 반성이 획득하는 모든 것이 의심할 여지가 없는 것이라고 믿어서도 안 된다. 반성은 사실과 권리에 대하여 제한적이다. 하나의 의식을 상정하는 것은 바로 의식이다. 의식이 그 의식에 대해 단언하는 모든 것은 확실하고 충전적이다. 그러나 만약 다른 대상들이 그 의식을 통해 의식에 나타난다면, 그 대상들은 의식의 특

289~290쪽, 강조는 옮긴이)

성에 참여할 아무런 이유가 없다. 증오에 대한 반성적인 경험을 생각해 보자.[50] 나는 피에르를 본다. 나는 그를 보고 혐오와 분노로 심한 동요 같은 것을 느낀다.(나

---

50 (편집자) 『존재와 무』(p. 481 이하)에서 타인에 대한 나의 관계의 가능성으로서의 증오를 참조하라.

(옮긴이) 『존재와 무』에서 사르트르가 제시하는 '증오(haïr)' 개념에는 특별한 함축이 있다. 이 책과 마찬가지로 『존재와 무』에서도 '증오하는 것'과 '혐오하는 것(détester)'이 구분되지만, 이는 무엇보다도 증오가 '타인에 의해 제한되지 않는 전면적인 자유를 획득하려는 기도'라는 특별한 감정이기 때문이다. 먼저 사르트르는 필연적으로 나는 타인의 자유에 대한 한계이며, 타인은 나의 자유의 한계라는 사실을 제시한다. "내가 존재하는 순간부터 나는 타자의 자유에 대해 사실상의 하나의 한계를 세운다. 나는 이 한계'이다.' 나의 각각의 기도는 '타인'의 주위에 이 한계를 정한다. …… 그러므로 타자의 자유에 대한 존중이란 하나의 공허한 말에 불과하다. 설령 우리가 이 자유에 대한 존중을 기도할 수 있다 하더라도, 우리가 타인에게 취하는 하나하나의 태도는, 우리가 존중한다고 주장하는 이 자유를 강간할 것이다. …… 우리는 이미 세계 속에, 타인의 면전에 내던져지고 있다. 우리의 나타남은 타인의 자유에 대한 자유로운 제한이다."(한: 675쪽) 그리고 '증오'는 바로 타인에 의해 제한된 나의 전적인 자유를 되찾고자 하는 열망이다. "이 자유로운 결심은 증오라고 불린다. 증오는 …… 오로지 사실적인 한계를 갖지 않는 하나의 자유를 다시 발견하고자 한다. 다시 말해 이 대자는 자기의 파악할 수 없는 '대타 대상 존재'를 없애 버리고, 자신의 타유화(他有化)적인 차원을 폐지하려 한다. 그것은 곧, 타인이 존재하지 않는 하나의 세계를 이루려고 하는 것과 마찬가지이다. …… 증오하는 자는 자신이 이제는 전혀 대상으로 있지 않기를 기도한다. 증오는 타인의 면전에서 대자의 자유의 절대적인 어떤 정립으로서 나타난다."(한: 676~677쪽)

그러나 바로 그러한 한에서 증오는 역설적으로 타인의 자유에 대한 승인을 보여 주는 감정이다. "증오는 하나의 '검은' 감정이다. 다시 말하면 증오는 한 사람의 타인의 말살을 지향하는 감정인 동시에, 기도로서의 한에서, 의식적으로 타

는 이미 반성적인 층위에 있다.) 이러한 동요는 의식된다. 내가 나는 지금 이 순간 피에르를 향한 격렬한 혐오를 느낀다고 말한다면 나는 그것에 대해 착각할 수 없다. 그러나 혐오에 대한 이러한 경험은 증오(Haine)인가? 당연히 아니다. 게다가 증오는 이런 식으로 주어지지 않는다. 실제로 나는 오래전부터 피에르를 증오했고, 항상 그를 증오하리라고 생각한다. 그러므로 혐오의 순간적인 의식은 나의 증오가 될 수 없는 것이다. 만약 내가 증오를 그것이 있는 바대로, 즉 순간적인 것으로 제한한다면, 나는 증오에 대해 더 이상 말할 수조차 없을 것이다. "나는 '지금 이 순간' 피에르를 혐오한다."라고 말하고, 나는 이러한 방식으로 미래를 연루시키지 않는다. 그러

인들의 비난에 대항하여 기도되는 감정이다. ……. 그러나 증오는 그 자신 또한 하나의 좌절이다. 사실 증오의 본디의 기도는 다른 의식 개체를 말살하는 것이다. 그러나 설사 증오가 그것을 이룬다 하더라도, 다시 말해 증오가 현재의 순간에 있어서 타인을 말살할 수 있다 하더라도, 증오는 타인을 존재하지 않았던 것으로 만들 수는 없을 것이다. 더욱 말하면, 타인의 폐지는, 그것이 증오의 승리로서 체험되기 위해서는, 타자가 '실제로 존재했다'는 분명한 승인을 품고 있다. 그때부터 당장, 나의 '대타존재'는 과거로 미끄러져 들어가, 나 자신의 돌이킬 수 없는 하나의 차원이 된다. 그렇게 되면, 나의 '대타존재'는 '그것으로 있었던 것으로서, 내가 그것으로 있어야 하는 것'이다. 따라서 나는 그런 나의 '대타존재'로부터 나를 해방시킬 수 없을 것이다."(한: 678~679쪽)

나 정확히 말해 이렇게 미래를 연루시키는 것을 거부함으로써 나는 증오하지 않게 된다.

지금 나의 증오는 혐오에 대한 나의 경험과 동시에 나에게 나타난다. 하지만 증오는 이러한 경험을 '통해' 나타난다. 정확히 말해 증오는 이러한 경험에 제한되지 않은 것으로 주어진다. 증오는 거부감, 혐오, 분노와 같은 각각의 운동 '안에서' 그리고 그 운동에 '의해서' 주어지지만, 동시에 그것들 중 무엇도 '아니다.' 증오는 자신의 영속을 단언함으로써 그것들 각각으로부터 벗어난다. 증오는 내가 어제 그토록 격분하면서 피에르에 대해 생각했을 때 그것이 이미 출현했다는 것, 그리고 내일도 출현하리라는 것을 단언한다. 게다가 증오는 그 자체로 '존재함'과 '나타남' 사이의 구분을 초래한다. 왜냐하면 내가 다른 활동들에 몰두해 있고 어떤 의식도 그것을 드러내지 않을 때조차, 증오는 계속 '존재하는 것'으로 주어지기 때문이다. 이제 증오는 의식에 '관한' 것이 아니라고 충분히 단언할 수 있는 것으로 보인다. 그것은 의식의 순간성을 벗어나고, 의식의 절대적 법칙에 순응하지 않는다. 왜냐하면 의식의 절대적 법칙에서는 외현(apparence)과 존재의 구분이 가능하지 않기 때문이다. 따라서 증오는 하나의 초월적 대상이다. 각각의 "체험(Erlebnis)"[51]은 증오를 완전히 드러내지만, 동시에 그 체험은 하나의 윤곽, 하나의 투사("음영")에 불과하다. 증오는 분노하거나 혐오하는 의식들의 과거와 미래의 무한성을 보증한다. 그것은 의식의 이러한 무한성의 초월적 통일이다. 그러므로 끌림이나 혐오의 특정한 의식을 계기로 '사랑한다'든지 '증오한다'고 말하는 것은 무한성을 향한 진정한 이행을 낳는 것이며, 이는 우리가 '하나의' 잉크병이나 압지의 '파란색'을 지각할 때 수행하는 것과 충분히 유비적이다.

반성의 권리를 특별히 제한하기 위해서는 다음으로 충분하다. 피에르가 나에게 혐오감을 주는 것은 확실하다. 그러나 내가 그를 증오하는 것은 불확실하고, 그

---

51 (편집자주) '체험'은 체험된 경험 혹은 지향적 체험을 뜻한다. 이 용어의 의미는 『상상력』, p. 144에서 언급되는데, 여기에서 사르트르는 『이념들 1』§36, pp. 115~116 및 부록을 참조하고 있다. "Erlebnis는 프랑스어 번역이 불가능한 용어로, 동사 erleben에서 왔다. etwas erleben은 '무엇인가를 겪다(vivre quelque chose)'라는 의미이다. Erlebnis는 거의 베르그송적인 의미의 '체험(vécu)'이라는 뜻을 지닐 것이다."(『상상력』, 한: 205~206쪽)

것은 항상 불확실한 채로 남게 될 것이다.[52] 이러한 단언, 즉 내가 피에르를 증오한다는 것은 실제로 반성의 힘을 무한히 초과한다. 증오가 하나의 단순한 가설, 텅 빈 개념이라고 쉽게 결론지을 필요는 없다. 내가 "체험"을 통해 파악한 증오는 실재하는 대상이다. 그러나 이러한 대상은 의식의 바깥에 있으며 그 실존의 본성 자체가 그것의 '불확실성(dubitabilité)'을 내포한다. 또한 반성은 확실한 영역과 불확실한 영역, 충전적 명증성의 범위와 비충전적 명증성의 범위를 가진다. 순수한 반성(그렇지만 반드시 현상학적인 반성은 아니다.)은 미래를 향한 요구 없이 주어진 것에 그친다. 우리는 다음과 같은 상황에서 이를 확인할 수 있다. 누군가가 화를 내면서 "나는 네가 싫어."라고 말한 뒤, "그건 사실이 아니야. 나는 너

---

52 (편집자주) "확실한 것(Le certain)"과 "개연적인 것(Le probable)"은 『상상계』의 연구에서 비중 있는 두 부분을 구성한다. 확실한 것은 오직 사물들을 향한 약동(élan)의 자발적인 운동 안에 있는, 나의 "~에 대한 의식(conscience de)"이다. 의식들의 역설은 문자 그대로 의식들이 스스로를 순수한 내부성으로, 그리고 동시에 외부의 사물들을 향한 분산으로 파악한다는 것이다. 의식을 '위한' 것으로서의 모든 대상, 즉 나의 증오 혹은 이 탁자는 항상 순수한 내부성 바깥에 불확실한 것으로 남아 있다. 왜냐하면 어떤 지향도 결코 대상을 그것의 총체성 안에서, 단번에 전체로 나에게 인도할 수 없기 때문이다.

를 싫어하지 않아. 내가 화가 나서 그렇게 말했어."라고 고쳐 말하는 것이다. 우리는 여기에서 두 가지 반성을 본다. 첫 번째 반성은 순수한 것이 아니라 공모하는 것으로, 그 즉시 무한성의 장으로 이행하게 한다. 그리고 "체험"을 통해 그것의 초월적 대상인 증오를 갑자기 형성한다. 두 번째 반성은 순수하고 오직 기술(記述)적인 것으로, 그것의 순간성을 〔증오라는 감정적 상태에〕 되돌려 줌으로써 비반성된 의식을 무력화한다. 이러한 두 가지 반성은 확실하고 동일하게 주어진 것을 포착했다. 그러나 첫 번째 반성은 자신이 아는 것보다 '더한' 것을 단언했다. 그것은 반성된 의식을 통해 의식 바깥에 위치한 대상을 향해 스스로 방향을 잡는다.

순수하거나 순수하지 않은 반성의 영역을 벗어나서 그 반성의 결과를 숙고하자마자, 사람들은 "체험"의 초월적 의미를 그것의 내재적 뉘앙스와 혼동하게 된다. 이러한 혼동은 심리학자들을 두 가지 유형의 오류로 이끈다. 첫 번째 오류는 내가 종종 나의 감정들(sentiments)을 착각한다는 것이다. 예를 들어 내가 증오하는데도 불구하고 사랑한다고 믿게 되는 것으로부터 나는 내적 성찰이 기만적이라고 결론 내린다. 이 경우 나는 결국 나의 '상태'를 그것의 출현들로부터 분리시킨다. 나는 감정을 결정짓기 위해 (상징들로 여겨지는) 모든 출현들에 대한 하나의 상징적 해석이 필요하다고 간주하며, 감정과 그것의 출현들 사이에 인과적 관계를 가정한다. 여기에서 무의식이 다시 나타난다. 두 번째 오류는 반대로 내가 나의 내적 성찰이 정당하다는 것을 안다는 것이다. 내가 혐오하는 한 나의 혐오 의식을 의심할 수 없다는 것으로부터, 나는 감정에 이러한 확실성을 부여할 권한이 있다고 스스로 믿는다. 이로부터 나는 나의 증오가 순간적 의식의 내재성과 충전성 안에 가둬질 수 있다는 결론을 내린다.

증오는 하나의 '상태'이다. 나는 이 용어를 통해서 증오를 구성하는 수동적 특성을 명시하려고 했다. 의심의 여지 없이 사람들은 증오가 하나의 힘, 하나의 저항할 수 없는 충동과 같은 것이라고 말할 것이다. 하지만 마찬가지로 전류나 폭포가 가공할 만한 힘이라 해서 그것들의 본성인 수동성과 타성(inertie)이 조금이라도 손실되는가? 그것들은 여전히 그 에너지를 '밖으로부터'

받아들이고 있지 않은가? 시공간적 사물의 수동성은 그것의 실존적 상대성으로부터 구성된다. 하나의 상대적 실존은 수동적일 수밖에 없다. 왜냐하면 최소한의 능동성조차도 그것을 상대성으로부터 해방시키고, 그것을 절대적인 것으로 구성할 것이기 때문이다. 마찬가지로 반성적 의식에 대해 상대적으로 실존하는 것으로서 증오는 '타성적'이다. 그리고 증오의 타성에 대해 말할 때 우리는 자연스럽게 그것이 의식을 향한 것으로 '나타나는' 경우만을 말한다. 실제로 우리는 "나의 증오가 깨어났다."라거나 "그의 증오는 ~을 향한 격렬한 욕망과 싸웠다."라고는 말하지 않는다. 발자크를 비롯한 대부분의 소설가들이 (가끔은 프루스트조차) 힘의 독립성의 원리를 상태들에 작용시킬 만큼 도덕, 자기 긍열 등과 증오 사이의 대립은 마치 '물리적' 힘의 충돌처럼 나타나지 않는가? 상태들에 관한 모든 심리학은 (그리고 보통 현상학적이지 않은 심리학은) 타성의 심리학이다.

상태는 어떻게 보면 신체(직접적 "사물(chose)")와 "체험" 사이의 매개로 주어진다. 상태는 단지 신체의 측면과 의식의 측면에 대해 동일한 방식으로 작용하는 것으로 주어지지 않는다. 신체의 측면에서 상태의 작용 (action)은 이론의 여지 없이 인과적이다. 그것은 나의 몸짓과 동작의 원인이다. 가령 누군가가 "당신은 왜 그렇게 피에르에게 불친절하게 대했습니까?"라고 물을 때, "내가 그를 싫어하기 '때문입니다.'"라고 답하는 데에서도 알 수 있는 것처럼 말이다. 그러나 그것은 의식의 측면과 동일한 것일 수 없다. ('선험적으로' 구성된 이론에서나 프로이트주의에서와 같이 공허한 개념들과 함께하는 것이 아니라면 말이다.) 실제로 어떤 경우에서도 반성은 반성된 의식의 자발성에 관해 착각할 수 없다. 그것은 반성적 확실성의 영역이다. 또한 증오와 순간적 거부감의 의식 사이의 관계는 증오의 요구들(즉 최초이며, '기원'이 되는 것)과, 반성에 주어진 확실한 소여들(즉 자발성)을 동시에 다루기 위해서 구성된다. 거부감의 의식은 증오의 자발적인 유출로 반성에 나타난다. 우리는 여기에서 이 '유출(émanation)'의 개념을 처음으로 목격하고 있다. 유출의 개념은 타성적인 심리적 상태들을 의식의 자발성들과 연결하는 것이 문제가 될 때마다 매우 중요하다. 말하자면 혐오는 증오를 '계기로 삼아', 그리고 증오 51

를 '대가로 삼아' 발생하는 것으로 주어진다. 혐오가 증오로부터 유출되는 것처럼, 증오는 혐오를 통해 나타난다. 혐오의 특정 "체험"과 증오 사이의 관계가 논리적이지 않다는 것을 알아보는 일은 어렵지 않다. 그것은 확실히 마술적 관계이다.[53] 하지만 우리는 오직 기술하기를 원했을 뿐이다. 더군다나 의식에 대한 자기의 관계를 말하려면 오직 마술적인 용어들을 통해야 한다는 것을 곧 보게 될 것이다.

2 '행위들'의 구성

우리는 단순히 '행위하는(active)' 의식과 자발적인 의식 간의 구별을 수립하려는 것이 아니다. 게다가 이 문제는 현상학의 가장 어려운 문제들 중 하나로 보인다. 우리는 단지 계획된 행위가 (행위하는 의식의 본성

---

53 (편집자) 여기에서 사르트르는 의식 안에서의 마술적 과정의 출현을 최초로 확인한다. 1939년에 그는 감정이라는 독특한 마술적 행위에 대해 연구하게 된다. 감정이란 의식을 난폭하게 침범하는 세계 앞에서, 그리고 의식이 무화하고자 하는 세계 앞에서 의식이 행하는 비반성된 도피로 파악된다.

이 무엇이든 간에) 무엇보다도 초월적인 것임을 지적하고
자 한다. 그것은 '피아노 연주하기', '자동차 운전하기',
'글 쓰기'와 같은 행위들에 대해서 명백하다. 왜냐하면
이러한 행위들은 사물들의 세계 안에서 '취해진(prises)'
것이기 때문이다. 하지만 의심하고 추론하며 숙고하는, 52
그리고 가설을 만드는 순수한 심리적인 행위들 역시 초
월적인 것으로 이해되어야 한다. 여기에서 행위가 오직
의식의 흐름의 노에마적 통일이라고 하는 것은 착각일
뿐이다. 그것은 또한 하나의 구체적인 실현이다. 그러
나 우리가 잊지 말아야 할 것은 행위가 실행되기 위해
서는 시간이 요구된다는 점이다. 행위는 순간들로 분절
되어 있다. 이러한 순간들은 구체적으로 행위하는 의식
들에 상응하고, 의식들을 향한 반성은 하나의 직관 안에
서 행위의 총체를 파악한다. 이 직관은 행위를 행위하는
의식들의 초월적 통일로 드러낸다. 이러한 의미에서, 내
가 희미한 빛 속에 있는 어떤 대상을 흘깃 볼 때 나를 침
범하는 자발적 의심은 하나의 '의식'이라 말할 수 있다.
그러나 데카르트의 방법적 회의는 하나의 행위, 말하자
면 반성적 의식의 초월적 대상이다. 여기에 위험이 있

다. 데카르트가 "나는 의심한다, 고로 나는 존재한다.(Je doute donc je suis.)"라고 말할 때, 이는 반성적 의식이 자신의 순간성 안에서 파악하는 자발적 의심에 관한 문제인가? 혹은 정확히 말해 바로 의심의 '기획'에 관한 문제인가? 우리가 이미 보았듯, 이 애매성은 아마도 중대한 오류의 근원일 것이다.

3 상태들의 임의적 통일로서의 성질들

이제 우리가 보게 될 자아는 바로 상태들과 행위들의 초월적 통일이다. 그렇지만 상태들과 행위들 사이의 매개가 존재할 수 있는데, 그것이 성질(qualité)이다. 우리가 다른 사람과 대면해 여러 번 증오나 뿌리 깊은 원한, 또는 기나긴 분노를 수차례 느낄 때, 우리는 다양한 감정들을 나타나게 만드는 어떤 심리적인 성향(disposition)을 지향함으로써 그것들을 통일한다. 이러한 심리적인 성향(나는 깊은 원한을 품고, 격렬히 증오할 수 있으며, 분노한다.)은 당연하게도 단순한 평균값 이상이자 별개의 것이다. 그것은 초월적인 대상이다. "체험"의 기체(substrat)를 표상하는 것이 상태들이듯, 성질들은 상태들의 기체를 표상한다. 그러나 감정들에 대한 그것의 관계는 유출의 관계가 아니다. 유출은 의식을 단지 심리적인 수동성에 연결할 뿐이다. 성질과 상태(혹은 행위)의 관계는 현실화의 관계이다. 성질은 잠재성(potentialité)으로서, 즉 다양한 요소의 영향 아래에 있으며 현실성(actualité)을 통과할 수 있는 잠재력(virtualité)으로서 주어진다. 정확히 말해 성질의 현실성은 상태(혹은 행위)이다. 우리는 성질과 상태 사이의 본질적인 차이를 쉽게 확인할 수 있다. 상태란 자발성의 노에마적 통일이며, 성질이란 대상적 수동성의 통일이다. 증오에 관한 어떤 의식도 없을 때, 증오는 현실적으로 존재하는 것으로 주어진다. 반대로, 원한의 모든 감정이 부재할 때 그에 상응하는 성질은 잠재성으로 남아 있다. 잠재성은 단순한 가능성(possibilité)이 아니다.[54] 잠재성은 실재적으로 존

54　(편집자) 가능성에 관해서는 『존재와 무』 2부 1장 4절 "대자와 여러 가능 존재"(p. 139 이하)를, 잠재성에 관해서는 p. 245 이하를 참조하라.

(옮긴이) '가능성'에 관해 논하며 사르트르는 먼저 이 개념에 관한 스피노자적인 규정 방식과 라이프니츠적인 규정 방식을 모두 비판하고, 일상적인 용법에서 그 의미를 추적한다. 그러나 이 경우 문제는 가능성 개념을 아리스토텔레스

재하는 어떤 것으로 표상된다. 그러나 잠재성의 존재 방식은 잠재태적(en puissance)*이다. 그 종류는 본래 결함, 덕, 취향, 소질, 경향, 본능 등이다. 이것들의 통일은 항상 가능하다. 여기에 선입견과 사회적인 요소의 영향은 지배적이다. 그러나 그러한 통일은 결코 필수적이지 않다. 왜냐하면 상태들과 행위들은 그것들이 필요로 하는

의 뒤나미스(dynamis)와 혼동할 위험이 발생한다는 것이다. 이러한 위험을 종식시키기 위해 사르트르는 "즉자존재는 그 자체로서 그 동일성의 절대적 충실성 속에 그것이 있는 그대로의 것으로 있다."(『존재와 무』, 한: 191쪽)라는 사실을 강조한다. 이처럼 사물의 측면 그 자체로부터 결여를 발견할 수 없다면, 가능성은 어디로부터 오는 것인가? 사르트르는 주장한다. "가능은 인간 존재에 의해 세계에 찾아온다."(192쪽) 구름이 가득한 하늘을 보고 비가 올 가능성이 있다고 말할 때, 밤하늘에 뜬 초승달을 보고 곧 보름달이 될 것이라고 말할 때, 우리가 포착하는 이 '가능성'이란 대자로서의 존재 방식을 가진 우리의 선택에 의한 결과이기 때문이다. 바로 이런 한에서만 사물은 어떠한 '잠재성'을 가진 것이 될 수 있다. 즉 "대자가 초승달 저편에 미래의 보름달인 하나의 '존재의 저편에 있는 존재' 옆에 있는 한에서, 보름달은 초승달의 잠재성이 된다."(344쪽) "나는 초승달에 결여되어 있는 것(즉 보름달)에서 초승달로의, 규정적 복귀에 의해 그것을 초승달로서 구성한다. …… 인간 존재는 부정이라고 하는 자기 자신의 가능성을 향해 자기를 뛰어넘음으로써, 그 뛰어넘음에 의한 부정을 세계에 오게 하는 것이 된다. '결여'가 〔'잠재태',〕 '미완결', '유예', '잠재성' 따위의 형태로 사물에 찾아오는 것은 인간존재에 의해서이다."(345쪽)

* puissance는 '힘' 혹은 '역량'이라 번역되지만, 지금의 맥락에서는 아리스토텔레스의 뒤나미스와 에네르게이아(energeia)의 개념쌍을 가정하고 있는 것처럼 보인다. 이 두 개념의 프랑스어 역 puissance와 act에 따라 여기에서는 puissance를 '잠재태'라 번역했다.

통일을 자아에서 직접 찾을 수 있기 때문이다.

4   행위들, 상태들, 그리고 성질들의 극으로서
자아의 구성

우리는 의식과 "심리적인 것(le psychique)"이 구별
된다는 것을 알게 되었다. 심리적인 것은 반성적 의식의
초월적 대상이며,[55, 56] 또한 심리학이라 불리는 학문의
대상이다. 자아는 심리적인 것의 지속적인 종합을 실현
하는 하나의 초월적 대상으로 반성에 나타난다. 자아는
심리적인 것 '쪽에' 있다.[57] 여기에서 우리가 살펴보는

55

---

55 하지만 그것은 마찬가지로 행동들을 지각함으로써 겨냥될 수 있고, 도달될
수 있다. 다른 곳에서 '모든' 심리학적 방법들의 근본적인 동일성에 관해 설명할
수 있으리라 믿는다.

56 (편집자) 여기에서 사르트르는 1937~1938년에 쓴 현상학적 심리학에 관
한 자신의 개론 『프시케』를 참조했다. 『자아의 초월성』에서 구상한 대로 "심리
적 대상(objet psychique)"이라는 개념을 발견한 사르트르는 이 개념을 여러 상
태들이나 감정들에 적용해 발전시켰다. 하지만 이러한 심리학은 그를 만족시키
지 못했는데, 특히 『존재와 무』에서 발견하게 될 무화(néantisation)라는 관념이
아직 없었기 때문이다. 이러한 이유로 『프시케』는 폐기되었다. 오직 하나의 발
췌문만이 1939년에 출간되었으니 그것이 『감정론 소묘』이다. 이 점에 관해서는
시몬 드 보부아르의 『나이의 힘』(p. 326)에 주어진 정보들을 참조하라.

57 (편집자) 『존재와 무』는 명백하게 『자아의 초월성』의 결론을 계승하고 있

자아는 심리적인 것이지, 심리생리적인 것이 아님을 주의해야 할 것이다. 우리가 자아의 이러한 두 측면을 분리하는 것은 추상(abstraction)에 의해서가 아니다. 심리생리적 자기는 자유로운 상태에서 아주 잘 (그리고 어떠한 환원도 없이) 존재할 수 있는 심리적 자아를 종합적으로 풍부화한 것일 뿐이다. 예를 들어 "나는 우유부단하다."라고 말할 때, 직접적으로 심리생리적 자기를 겨냥하지 않는다는 것은 확실하다.

후설이 노에마의 핵심 가운데 위치시킨 "대상 극"

다. "자기와 자기성의 회로"라는 표제가 붙은 절에서 자아는 최종적으로 즉자(en-soi) 쪽으로 옮겨 가며, 여기에서 확립된 대로 자아는 그 자신의 초월성에 대한 존재 이유가 된다. "우리는《철학 연구》에 발표한 한 논문에서 자아가 대자(pour-soi)의 영역에 속하지 않는다는 것을 보여 주려고 시도했다. 우리는 이 점에 대해 재검토하지 않을 것이다. 여기에서는 단지 자아의 초월성의 이유에 주의해 보자. '체험'을 통일하는 극으로서의 자아는, 대자가 아니라 즉자이다. 만일 자아가 '의식에 속한(de la conscience)' 것이라면, 사실상 그것은 직접성의 반(半)투명성 속에서 자기 자신의 고유한 토대가 될 것이다. 그러나 그렇게 되면, 자아는 그것이 있지 않은 것으로 있고, 그것이 있는 것으로 있지 않게 될 것이며, 이것은 나의 존재 방식이 결코 아니다. 사실상 내가 나에 대해 파악하는 의식은, 결코 나를 고갈시키지 못한다. 그리고 의식 또한 나를 존재에 도달할 수 있도록 해 주지 못한다. 나는 의식 이전에 거기 '있었던' 것으로서, 그리고 동시에 조금씩 드러내야 하는 깊이를 가진 것으로서 주어진 것이다. 이렇듯 자아는 초월적 즉자로서, 의식'에 속한' 것이 아니라 인간 세계에 속한 존재자로서 의식에 나타난다."(p. 147; 한: 198~199쪽)

86

처럼 자아를 "주체 극(pôle-sujet)"으로 구성하고 싶은 유혹이 들 수도 있을 것이다. 이 대상 극은 규정들을 담지하는 어떤 X이다.

> 술어들은 '어떤 것'에 대한 술어들이다. 그 '어떤 것'은 또
> 한 문제의 핵심에 속하며 그 핵심으로부터 분리될 수 없
> 다는 것이 명백하다. 그것은 우리가 앞서 말했던 통일의
> 중심이다. 그것은 술어들의 결합점이자, 술어들의 담지
> 자이다. 그러나 술어들의 통일은 결코 술어들의 어떤 복
> 합체나 결합체를 의미하지 않는다. 우리는 술어들의 이
> 러한 통일을 술어들 옆에 놓을 수도 없고 술어들로부터
> 분리할 수도 없지만, 필연적으로 술어들과 구별해야 한
> 다. 술어들이 '그것의' 술어들이며, 그것 없이는 생각될
> 수 없음에도 불구하고 그것과는 구별되는 것과 마찬가지
> 로 말이다.[58]

이로부터 후설은 자신이 사물들을 최소한 이념적

----

58 『이념들』, §131, p. 270.

으로 분석할 수 있는 종합들로 여긴다는 것을 나타내려 한다. 분명히 이 나무, 이 탁자는 종합적 복합체들이며 각각의 성질은 다른 성질들과 결합되어 있다. 그러나 각 성질은 '같은 대상 X에 속하는 한에서만' 다른 성질과 결합되어 있다. 논리적으로 우선하는 것은 일방적 관계들이다. 마치 주어에 대해 술어가 그런 것처럼, 각각의 속성들은 이 일방적 관계들에 따라 (직접적이든 간접적이든) X에 귀속된다. 이로부터 분석이 항상 가능하다는 결과가 나온다. 이 개념에는 이론의 여지가 많다.[59] 하지만 이는 여기에서 검토할 것이 아니다. 우리에게 중요한 것은 스스로를 담지하는, 분해될 수 없는 종합적 총체가 담지자 X를 전혀 필요로 하지 않는다는 것이다. 물론 그것이 실재적으로, 구체적으로 분석 불가능하다는 조건하에서 말이다. 예를 들어 멜로디를 생각해 보면, 상이한 음들의 담지자 역할을 하는 X를 상정하는 것은 쓸

---

59 (편집자) 왜냐하면 한 사물에 대한 지각 안에서 (이 사물의 성질들에 대한) 각각의 의식이 자신이 아닌 다른 것에 곧바로 연결된다는 점이 전혀 확실하지 않기 때문이다. 사실 결코 확실하지 않다. 비반성된 의식은 자율성을 지니기 때문이다.

데없는 짓이다.[60] 여기에서 통일성은 추상을 통하지 않고서는 분리된 것으로 볼 수 없는 요소들의 절대적 분해 불가능성에서 온다. 여기에서 술어의 주어는 구체적인 총체가 될 것이며, 술어는 총체에서 추상적으로 분리된 성질이 될 것이다. 그리고 그 성질은 오로지 우리가 그것을 총체성과 관련지을 때만 그것의 모든 의미들을 획득한다.[61]

---

60 (편집자) 후설은 『시간의식』, §14에서 멜로디에 대한 사례를 들고 있다. (옮긴이) 이에 해당하는 구절은 다음과 같다. "가령 최근의 콘서트에서 들었던 어떤 멜로디를 기억해 보자. 그러면 기억 현상 전체가 필요한 수정을 가하여 (mutatis mutandis) 멜로디의 지각과 정확히 똑같은 구성(Konstitution)을 갖는다는 사실은 분명하다. 기억은 지각과 같이 우선적으로 취급된 하나의 시점을 가지며, 각각의 '지금' 시점에 기억의 '지금' 시점이 상응한다. 우리는 상상을 통해 그 멜로디를 훑어보고(durchlaufen), 우선은 첫 번째 음을, 그런 다음 두 번째 음 등등을 유사하게 듣는다. 그때그때마다 하나의 음(또는 하나의 음의 국면)이 '지금' 시점에 존재한다. 그러나 선행한 음들이 의식으로부터 지워져 버린 것은 아니다. 바로 조금 전에 유사하게 들린 음에 관한 1차적 기억과 아직 들리지 않은 음의 기대, 미래지향이 지금 나타나고 있는 음, 즉 유사하게 들린 음의 파악과 융합한다(verschmelzen). 또한 '지금' 시점은 기억 파악들의 연속성 속에서 수행된 시간지평(Zeithof)을 의식에 대해 다시 갖는다. 그리고 멜로디의 기억 전체는 그와 같은 시간지평의 연속체들의, 또는 위에서 기술한 종류의 파악 연속체들의 하나의 연속체 속에서 성립하는 것이다."(『시간의식』, 한: 103쪽)
61 더구나 후설은 이러한 종류의 종합적 총체를 아주 잘 알고 있었다. 그는 『논리 연구 2』, 『논리 연구 3』에서 이 종합적 총체에 관해 주목할 만한 연구를 수행하고 있다.

바로 이러한 이유들 때문에 우리는 자아를 심리적 현상들의 담지자인 일종의 극 X로 보기를 거부하는 것이다. 그러한 X는 정의상 그것이 지지하는 심리적 성질들과는 무관하다. 그러나 자아는 우리가 보게 될 것과 마찬가지로 그것의 상태들과 결코 무관하지 않다. 그것은 상태들에 의해 "위태로워진다." 그렇기는 하지만 담지자가 이처럼 그것이 담지하는 것에 의해 위태로워지는 것은 정확히 말해 오직 그것의 고유한 성질들을 담지하고 포함하는 하나의 구체적인 총체성일 경우뿐이다. 자아는 그것이 담지하는 상태들과 행위들의 구체적인 총체 이외의 아무것도 아니다. 의심할 여지 없이 자아는 그것이 통일하는 모든 상태들에 대해 초월적이다. 그러나 자아는 통일하는 역할만을 하는 추상적 X와 같은 것이 아니다. 오히려 그것은 결코 '어떤' 행위 혹은 '어떤' 상태로 환원될 수 없는 상태들과 행위들의 무한한 총체성이다. 만일 두 번째 층위의 의식에서의 자아와 유비를 이루는 것을 비반성된 의식에서 찾는다면, 우리는 차라리 모든 사물들에 대한 무한한 종합적 총체성으로 간주되는 '세계'를 고려해야 한다고 생각할 것

58

이다. 또한 우리는 사실상 우리를 직접적으로 둘러싸고 있는 것 저편에 있는 세계를 하나의 광대하며 구체적인 존재로 파악하게 된다. 이 경우 우리를 둘러싼 사물들은, 단지 그것들을 넘어서고 포괄하는 이 세계의 극점으로 나타난다. 자아가 심리적 대상들에 관하여 있듯 세계가 사물들에 대하여 있다. 그렇기는 하지만 사물들의 배경에서 세계의 출현은 상당히 드물게 일어난다. 세계가 그 자신을 "드러내기"[62] 위해서는 특별한 정황들이 필요하다. (하이데거는 『존재와 시간』에서 이에 관해 비교적 잘 기술했다.) 반대로 자아는 언제나 상태들의 지평에서 나타난다. 각각의 상태들과 각각의 행위들은 추상 없이는 자아에서 분리될 수 없는 것으로 주어진다. 그리고 만일 판단이 나의 상태로부터 나를 분리한다면 ('나'는 사랑에 빠져 있다라는 문장에서처럼) 이 분리는 즉시 그것들을 연결하기 위한 것일 수밖에 없다. 만일 분리

---

62 (편집자) 세계가 사물들의 배경에서 나타나기 위해서는 세계에 대한 우리의 관습적 이해의 범주를 무너뜨려야만 한다. 사실 이러한 이해는 우리를 과학의 시공간적 세계로 이끌 뿐이다. 그러나 깨어진 도구적 존재자들 뒤에서는 다른 세계가, 벌거벗은 현존이 느닷없이 솟아오르는 일이 발생한다.

의 운동이 불완전한 것으로 주어지지 않는다면, 그리고 그것이 종합의 운동을 통해 스스로를 완성하지 않는다면, 분리의 운동은 결국 공허하며 거짓된 의미 작용이 될 것이다.

　　이러한 초월적 총체성은 모든 초월성의 의심스러운 특성에 참여한다. 말하자면 자아에 대한 우리의 직관들이 우리에게 전달하는 모든 것은 언제나 차후의 직관에 의해 반박될 수 있는 것으로 주어진다. 예를 들면 나는 내가 화를 잘 내고 질투심이 많다는 것을 명증하게 알 수 있다. 그럼에도 불구하고 나는 스스로를 속이고 있는지도 모른다. 달리 말하면, 나는 '그러한 자기'를 가지고 있다고 생각하면서 스스로를 속일 수 있다. 게다가 이러한 오류는 판단의 수준에서가 아니라, 이미 선(先)판단적 명증성의 수준에서 행해진 것이다. 이러한 나의 자아가 지닌 의심스러운 특성 또는 내가 범한 직관적인 오류는 내가 모르는 '참된' 자기를 가지고 있다는 것이 아니라, 오직 지향된 자아가 그 자체로 의심스러운 특성(어떤 경우에는 잘못된 특성)을 가지고 있음을 의미한다. 나의 자아가 (10년 전 또는 1초 전) 실제로 존재해 온 요소들이 아니라 단지 거짓된 기억들로 구성된 것일 수 있다는 형이상학적 가설은 배제되지 않는다. "전능한 기만자(Malin Génie)"*의 힘은 거기까지 미치는 것이다.

그러나 자아가 본성상 '의심스러운' 대상이라고 해도 자아가 '가설적'이라는 결론에 이르게 되는 것은 아니다. 실제로 자아는 우리의 상태들과 행위들의 자발적이며 초월적인 통일이다. 이러한 자격으로 인해 자아는 가설이 아니다. 나는 스스로 '나는 아마 피에르를 증오하는 것일지 모른다.'라고 말할 수 있지만, '나는 아마 자아를 가지고 있는 것인지도 모른다.'라고 말하지 않는다.

---

* "전능한 기만자"라고 표현함으로써 사르트르는 데카르트의 극단적 회의주의를 염두에 두고 있다. 『성찰』에서 데카르트는 확고부동한 지식의 토대를 찾기 위해 모든 것을 의심에 부쳐야 한다는 사실을 주장하며 다음과 같이 쓴다. "나는 이제 진리의 원천인 전능한 신이 아니라, 유능하고 교활한 악령(genium aliquem malignum)이 온 힘을 다해 나를 속이려 하고 있다고 가정하겠다. 또 하늘, 공기, 땅, 빛깔, 소리 및 모든 외적인 것은 섣불리 믿어 버리는 내 마음을 농락하기 위해 악마가 사용하는 꿈의 환상(ludificationes somniorum)일 뿐이라고 가정하겠다. 나는 또 손, 눈, 살, 피, 어떠한 감관도 없으며, 단지 이런 것을 갖고 있을 뿐이라고 생각하겠다. 나는 집요하게 이런 성찰을 견지하겠다. 이렇게 하면 비록 어떤 참된 것을 인식할 수는 없을지라도, 거짓된 것에 동의하지 않는 것, 또 저 기만자가 아무리 유능하고 교활하더라도 내가 속임을 당하지 않도록 조심하는 것은 적어도 내가 확실히 할 수 있는 일이다."(데카르트, 이현복 옮김, 『성찰』(문예출판사, 2013), 40~41쪽)

나는 여기에서 나의 상태들을 통일하는 어떤 '의미'를 찾지 않는다. '증오'의 항목 아래 나의 의식들을 통일할 때 나는 특정한 의미를 덧붙인다. 즉 나는 의식들을 규정짓는다. 그러나 내가 나의 상태들을 구체적인 '자기'의 총체성으로 통합할 때, 나는 아무것도 덧붙이지 않는다. 실제로 성질들, 상태들 그리고 행위들에 대한 자아의 관계는 (감정에 대한 의식의 관계처럼) 유출의 관계도 아니고, (상태에 대한 성질의 관계처럼) 현실화의 관계도 아니다. 그것은 (만들다(ποιεῖν, poiein)의 의미에서) 시적 생산의 관계이다. 또는 우리가 원한다면 창조의 관계라고 할 수 있다.

누구나 자신의 직관의 결과들을 참조함으로써 자아가 자신의 상태들을 생산하는 것으로 주어진다는 것을 확인할 수 있다. 여기에서 우리는 그것이 직관에서 그 자신을 스스로 드러내는 대로 이 초월적 자아에 대해 기술하고자 한다. 따라서 우리는 부정할 수 없는 다음의 사실에서 출발한다. 각각의 새로운 상태는 직접적으로 (혹은 성질을 통해 간접적으로) 자신의 기원인 자아에 결부되어 있다. 상태가 그 전에 자기 안에 있었던 것으로 주어지지 않는다는 의미에서 이와 같은 창조의 방식은 바로 무(無)로부터의(ex nihilo) 창조이다. 비록 증오가 특정한 원망 혹은 증오의 힘의 현실화로 주어진다고 하더라도, 증오는 그것이 현실화하는 그 힘과 관련해 새로운 것으로 남아 있다. 이렇게 반성의 통일하는 행위는 아주 특수한 방식으로 각각의 새로운 상태를 '자기'라는 구체적인 총체성에 결부한다. 반성은 단순히 각각의 새로운 상태가 그 총체성에 덧붙고 그것과 뒤섞인다는 것을 파악하는 데에서 그치는 것이 아니다. 반성은 시간을 반대 방향으로 가로지르고 자기를 상태의 원천으로 제공하는 어떤 관계를 지향한다. 이는 당연히 나와 관계된 행위들의 경우에서도 마찬가지이다. 성질들에 관해 말하자면, 성질들은 자기를 '규정하는' 것임에도 불구하고 자기를 존재하게 하는 어떤 것으로 주어지지는 않는다. (집합체의 경우는 그렇지 않다. 가령 각각의 돌, 각각의 벽돌은 그것들 자체에 의해 존재하며, 그것들의 집합체는 그것들 각각에 의해 존재한다.) 그러나 반대로 자아는 지속적인 진정한 창조를 통해 자신의 성질들을 유지한다. 그럼에도 불구하고 우리가 결국 자아를 성질들 편에 있는 순수한 창조의 원천이라 파악하려는 것은 아니다. 설령 우리가 모

61

든 성질들을 연달아 제거한다 하더라도 뼈대가 되어 주는 [자아라는] 극을 발견할 수 있을 것 같지 않다. 만일 자아가 각각의 성질 혹은 모든 성질들을 넘어서 출현한다면 그 까닭은 자아가 대상처럼 불투명하기 때문일 것이다. 그 모든 힘들을 제거하기 위해 우리는 그것을 무한히 벗겨 내야만 할 것이고 이러한 과정의 끝에는 어떤 것도 남아 있지 않을 것이며, 자아는 이미 사라져 버렸을 것이다. 자아는 자신의 상태들의 창조자이며, 일종의 보존하는 자발성을 통해 자신의 성질들이 존재하도록 지탱한다. 우리는 자아의 이러한 창조적인 혹은 보존하는 자발성을 자아로부터 이루어지는 창조적 생산의 한 특수한 경우인 책임(Responsabilité)과 혼동해서는 안 된다. 자아로부터 그것의 상태들로 향하는 이행의 다양한 유형들에 대해 연구하는 것은 흥미로울 것이다. 대개 이 이행은 마술적이다. 물론 드물게 (예를 들어 반성된 의지의 경우에) 이 이행은 합리적일 수도 있다. 그러나 여기에는 늘 이해하기 어려운 근거가 따라오는데, 조금 뒤에 그 이유가 밝혀질 것이다. (선(先)논리적, 유아적, 정신분열증적, 논리적인……) 상이한 의식들에 따라 창조의 뉘앙스는 변하지만, 이 창조가 항상 시적인 생산이라는 것은 변치 않는다. 매우 특이하고 흥미를 끄는 경우가 있는데, 바로 영향 정신병(psychose d'influence)*의 경우이다. "그가 '나로 하여금' 나쁜 생각을 가지도록 한다."와 같은 말들을 통해 환자가 하고자 하는 말은 무엇인가? 우리는 다른 저작에서 이를 연구할 것이다.[63] 그렇지만 여기에서 주목해야 할 점은 **자아의 자발성이 부정되지 않는다**는 것이다. 어떻게 보면 이는 '주술에 사로잡힌'[64]

---

* 사르트르는 이 영향 정신병에 대한 분석을 『상상계』에서도 수행하고 있다. 이에 해당하는 구절은 다음과 같다. "[영향 정신병을 겪고 있는] 환자는 자신이 한 사람 혹은 여러 사람의 영향 아래 놓여 있다고 믿는다. 하지만 이 '영향'에 대한 믿음이 환자로서는 자신의 사유와 모든 심리적 행위들의 자발성을 다시금 확인하는 방식이라는 사실은 아주 드물게 부각되었다. 환자가 '나에게 나쁜 생각이 들었다. 나에게 음란한 생각을 하게 했다.'라고 공언할 때, 그가 나쁜 생각이 자기 내부에서 정체하고 있다거나 물 위의 나뭇조각처럼 부유한다고 느낄 거라고 생각해서는 안 된다. 그는 생각의 자발성을 느끼고 있으며 그 자발성을 부인하려 들지 않는다. 단지 이 자발성이 고립적으로 드러나며, 흐름을 거슬러 의식의 통일성은 아니더라도 적어도 개인적 삶의 통일성을 단절한다는 것을 입증한다. 바로 이것이 영향이라는 관념의 심오한 의미이다. 환자는 한편으론 이러한 생각을 만들어 내는 것이 바로 생생한 자발성으로서의 자신임을 느끼며, 또한 동시에 자기가 그것을 원했던 게 아니라고 느낀다. 이로부터 '나에게 ~한 생각이 들게 했다'라는 표현이 비롯하는 것이다."(『상상계』, 한: 283~284쪽)

63 (편집자) 사르트르는 이 문제를 『프시케』에서 다루고 있다.

64 (편집자) 『존재와 무』에서 사르트르는 이처럼 욕망을 "주술에 사로잡힌 행위"(p. 463)로 서술한다.

것이지만, 그러나 자발성은 여전히 남아 있다.

　그러나 이러한 〔자아의〕 자발성을 의식의 자발성과 혼동해서는 안 된다. 실제로 대상으로서의 자아는 '수동적'이다. 그러므로 그것은 샘이나 간헐천의 분출이 적절한 상징이 되는 의사(pseudo) 자발성의 문제다. 즉 우리는 그것을 외현으로만 다루고 있을 뿐이다. 진정한 자발성은 전적으로 명석해야(claire) 한다. 이 자발성은 의식 자신이 생산하는 것으로 '있고' 그 이외의 다른 것일 수 없다. 만약 그것이 그 자체가 아닌 다른 것에 종합적으로 구속되어 있다면, 그것은 변형되는 가운데 사실상 어떤 모호성을, 그리고 심지어는 수동성마저도 포함할 것이다. 실제로 자발성이 그 자신으로부터 도주하는 것을 전제하는, '자기 자신'으로부터 '다른 것'으로의 이행을 인정해야 할 것이다. 자아의 자발성은 자신으로부터 도주한다. 자아의 증오는 그 스스로 존재할 수 없는 것임에도 불구하고 기어코 자아에 대해 어떤 독립성을 소유하기 때문이다. 따라서 자아는 항상 그것이 생산하는 것에 추월당한다. 비록 다른 관점에서 보자면 그것은 자아가 생산하는 것'일'지라도 말이다. "'내가' 그것을 할 수 있었단 말이야!(*Moi, j'ai pu faire ça!*)", "'내가' 내 아버지를 증오할 수 있다고!(*Moi, je puis haïr mon père!*)" 등과 같은 전형적인 경탄들은 이로부터 말미암는다. 지금까지 직관된 **자기**의 구체적인 총체성은 여기에서 분명히 이 생산하는 나를 무겁게 하고, 내가 방금 생산한 것의 뒤에 생산하는 나를 붙잡아둔다. 그러므로 자신의 상태들에 대한 **자아**의 연관은 이해하기 어려운 자발성으로 남아 있다.[65] 『의식에 직접 주어진 것들에 관한 시론(*Essai sur les données immédiates de la conscience*)』에서 베르그송이 기술한 것이 바로 이러한 자발성이다. 베르그송은 자유를 위해 이 자발성을 취했다. 그러나 베르그송은 자신이 의식이 아니라 '대상'을 기술하고 있다는 것을 이해하지 못했고, 또한 생산자는 창조된 것에 대해 수동적이기 때문에 그가 상정한 결합이 전적으로 불합리하다는 것을 이해하지 못했

---

65 (편집자) "베르그송의 학설이 지속하는 의식에 관해, 즉 "상호 침투적인 다수성(multiplicité d'interpénétration)"으로서의 의식에 관해 밝힌 것은 이런 양의성(ambiguité)이다. 그 경우, 베르그송이 파악하는 것은 심적인 것이지 대자로서 생각된 의식은 아니다."(『존재와 무』, p. 214)

다. 이 결합이 불합리한 것임에도 자아에 대한 직관 속에서 우리가 확인하는 것은 이와 다른 것이 아니다. 그리고 우리는 그것의 의미를 다음과 같이 파악한다. 자아는 반성적인 의식*을 통해 파악된 대상일 뿐만 아니라 '구성된' 대상이다. 자아는 통일의 잠재적인 중심이며, 의식은 실재적인 생산과는 '반대 방향으로' 자아를 구성한다. '실재적으로' 첫 번째로 오는 것은 의식들이다. 그것들을 통해 상태들이 구성되며, 상태들을 통해 자아가 구성된다. 그러나 자기로부터 벗어나기 위해 스스로 세계 안에 틀어박힌 의식에 의해 이러한 순서가 뒤집히므로, 의식들은 상태들의 유출로, 그리고 상태들은 자아에 의한 생산물로 주어지게 된다.[66] 즉 의식은 대상으로서의 자아에게 절대적으로 필요한 창조하는 힘을 부여하기 위해 의식의 고유한 자발성을 대상으로서의 자아에게 투사한다. 그러나 대상 안에서 '나타나고 실체

---

* 원래의 판본에는 "science(학문)"라고 표기되어 있으나, 문맥상 '의식(conscience)'이 와야 하므로 conscience로 수정되어야 한다.
66 (편집자) 자아는 의식의 자기 스스로의 감금에서, 말하자면 자기기만적 행위에서 큰 역할을 하기 때문이다. 『존재와 무』 1부 2장(pp. 85~114)을 참조하라.

화된' 이러한 자발성은 수동적이 되는 와중에도 그것
의 창조적인 힘을 마술적으로 보존하는, 강등된 잡종의
자발성이 된다. 이로부터 자아라는 관념의 심오한 비합
리성이 비롯한다. 우리는 의식적 자발성이 강등된 다
른 국면들에 대해 알고 있다. 나는 다음과 같은 것만을
언급하겠다. 표현력이 풍부하고 능숙한 몸짓[67]은 그 모
든 의미들, 모든 뉘앙스들, 모든 생생함과 함께 우리를
그 "체험"으로 인도한다. 그러나 그러한 몸짓은 우리를
'강등된' 자발성으로, 말하자면 '수동적'인 자발성으로
인도한다. 이렇듯 우리는 세계의 대상들이면서도 의식
의 자발성에 대한 기억을 간직하고 있는 마술적인 대상
들에 둘러싸여 있다. 인간이 항상 자신을 기만하게 되
는 것은 바로 이 때문이다. 실제로 하나의 수동성이 다
른 하나의 수동성을 자발적으로 창조하는 두 가지 수동
성들의 이와 같은 시적 연관이 바로 이 마술의 토대이

---

67 (편집자) 사르트르는 의미를 물화시키는 의식의 유희들이 가지는 함의에
대하여 『상상계』에서 분석한다. 예를 들어 표현력이 풍부한 몸짓은 전달하는 의
미와 그것이 스며드는 질료(표정, 살, 신체) 사이에서, 마술적인 의미로, 사로
잡힘(possession)의 관계를 은폐할 수 있다. "모방자는 사로잡힌 자이다.(Un
imitateur est un possédé.)"(p. 45)

며, "분유(participation)"의 심오한 의미이다. 우리가 자기를 생각할 때마다 우리 자신을 기만하게 되는 것도 바로 이 때문이다.

자아는 이러한 수동성에 의해 '영향' 받을 수 있다. 의식은 자기 원인이기 때문에 어떤 것도 의식에 영향을 미칠 수는 없다. 그러나 이와 달리 생산하는 자아는 그것이 생산한 것의 반동을 겪는다. 자아는 그것이 생산한 것에 의해 "위태로워진다."[68] 여기에 관계의 역전이 있다. 행위 혹은 상태는 자아를 규정하기 위해 자아로 되돌아온다. 이것은 우리를 다시 분유의 관계로 이끈다. 자아에 의해 생산된 모든 새로운 상태는 자아가 그것을 생산하는 순간 자아에 색과 명암을 부여한다. 어떤 의미에서 자아는 이 행위에 의해 현혹된다. 〔그러나〕 자아는 그것을 분유한다. 이것은 자신의 자아와 동화된 라스콜니코프*가 저지른 범죄가 아니다. 정확하게 그것은 범죄이긴 하나, 오히려 압축된 형태, 어떤 상

---

68 (편집자) "욕망은 나를 위태롭게 한다. 나는 나의 욕망과 공모한다."(『존재와 무』, p. 457)

★ 도스토예프스키의 작품 『죄와 벌』의 주인공.

혼의 형태를 가진 것이다. 그러므로 자아가 생산하는 모든 것은 자아에 영향을 미친다. 물론 다음과 같이 덧붙여야 할 것이다. '오직' 자아가 생산하는 것만이 그 자신에게 영향을 준다고 말이다. 사람들은 자기가 외부적인 사건들(재난, 가까운 이들의 죽음, 환멸스러운 것들, 사회적 환경의 변화 등)을 통해서 변할 수 있다는 것을 근거로 이에 반박할 수 있을 것이다. 그러나 이는 단지 외부적 사건들이 그 자신에 대한 상태들 혹은 행위들일 경우에 한한다. 모든 것은 자아가 그것의 유령 같은 자발성을 통해 외부와의 모든 직접적인 접촉으로부터 보호되었던 것처럼, 그리고 자아가 오직 상태들과 행위들의 매개에 의해서만 세계와 소통할 수 있었던 것처럼 일어난다. 이렇듯 자아가 고립된 것은 자아가 오직 반성에서만 출현하는 대상이며, 그러므로 세계와 철저하게 단절된 하나의 대상이기 때문이다. 자아는 그와 동일한 층위에 살지 않는다.

자아는 능동성과 수동성의 비합리적 종합인 것과 마찬가지로, 내부성과 초월성의 종합이다. 어떤 의미에서 자아는 상태들보다 더 의식 '내부에' 존재한다. 이것이 바로 반성적 의식을 통해 숙고된, 반성된 의식의 내부성이다. 그러나 반성이 내부성을 '숙고'함으로써 그것을 반성 앞에 놓인 대상으로 만든다는 것을 깨닫기란 어렵지 않다. 우리가 내부성이라는 말을 통해 실제로 의미하는 바가 무엇인가? 이는 그야말로 의식에 있어서 존재함과 자기 인식이 하나이며 동일하다는 것을 의미한다. 이것은 다양한 방식으로 표현될 수 있다. 예를 들어 나는 의식이 외현(apparence)인 한 의식에게 있어서 외현은 절대적이라고 말할 수 있고, 혹은 의식이란 그것의 본질이 실존을 함축하는 존재라고 말할 수 있다.[69] 이 상이한 표현들은 우리가 내부성을 '살아가지만'('내적으로 존재하지만') 그것을 조건으로 숙고하지는 않는다고 결론짓게 해 준다. 왜냐하면 내부성 사체는 숙고의 저편에 있을 것이기 때문이다. 반성이 반성된 의식을 정립하고 그렇게 함으로써 반성된 의식의 내부성을 정립한다는 것을 근거 삼아 이에 반박하는 것은 소용없는 일이다. 이는 특별한 경우이다. 후설이 잘 보여 주었

---

69 (편집자) 『존재와 무』의 머리글 「존재의 탐구」(pp. 11~37)를 참조하라.

던 것처럼[70] 반성과 반성됨은 하나를 이룰 수밖에 없으며 한쪽의 내부성은 다른 쪽의 내부성과 융합된다. 하지만 자기 앞에 내부성을 정립하는 것은 필연적으로 그것에 대상이라는 무게를 부과하는 것이다. 이는 마치 내부성이 스스로를 감추고 우리에게 그 겉면만을 보여 주는 것과 같다. 그것을 이해하기 위해 우리가 '그 주위를 맴돌아야(faire le tour)'만 하는 것처럼 말이다. 그리고 이것은 자아가 그 자체로 하나의 닫힌 내부성으로서 자신을 반성에게 내어 주는 방식이다. 그것은 의식에 '대해서'가 아니라, '그 자신에 대해서' 내부적이다. 필연적으로, 또다시 모순적인 결합이 문제가 된다. 사실 하나의 절대적 내부성이란 결코 바깥을 가질 수가 없기 때문이다. 내부성은 오직 그 자체에 의해서만 생각될 수 있다. 그리고 이것이 바로 우리가 타인의 의식들을 파악할 수 없는 이유이다.(오직 이러한 이유이며, 신체가 우리

67

---

70 (편집자)『이념들 1』§38, p. 123에 따르면 하나의 구체적 사유 작용의 통일성 안에서 이처럼 한쪽의 내부성은 다른 한쪽의 내부성과 융합된다. 후설이 나의 개인적 체험이라는 명제를 똑같이 필연적이고 의심 불가능한 것으로서 나의 순수한 자기라는 명제와 동일시하는 것은 그것들을 세계에 관한 우연적인 명제에 대립시키기 위해서이다. 심리적 초월의 영역 안에는 자아의 자리가 없다는 것이다.

를 분리하기 때문이 아니다.) 실재적으로 이러한 강등되고 비합리적인 내부성은 '내밀함(intimité)'과 '구별되지 않음(indistinction)'이라는 매우 특별한 두 구조로 분석된다. 의식과의 관계에서 자아는 내밀한 것으로 주어진다. 자아는 '의식에 속한(de la)' 것처럼 주어진다. 자아가 의식에 대해 불투명하다는 유일하고 본질적인 차이를 제외한다면 말이다. 그리고 이러한 불투명성은 '구별되지 않음'으로 파악된다. 철학에서 여러 다른 형식들로 빈번하게 사용되는 이 구별되지 않음이란 바깥에서 본 내부성이다. 혹은 이러한 표현을 더 선호한다면, 내부성의 강등된 투사라고 말할 수 있다. 가령 베르그송의 그 유명한 "상호 침투적 다수성(multiplicité d'interpénétration)"에서 발견되는 것이 이러한 구별되지 않음이다. 또한 소산적 자연이 명확해지기 이전에 수많은 신비주의자들의 신 안에서 발견되는 것이 이 구별되지 않음이다. 한편으로 이것은 모든 성질들의 원초적인 미분화(未分化)로, 다른 한편으로는 모든 규정 이전의 존재가 지닌 순수한 형식으로 이해될 수 있다. 이러한 구별되지 않음의 두 형식은 그것을 고려하는 방법에 따라 자아에 귀속

된다. 예컨대 예측 속에서, (마르셀 아를랑[*]이 진실한 자기를 드러내기 위해서는 특별한 사건이 필요하다고 설명할 때)[71] 자아는 사건들에 접해 스스로 구체화하고 굳어지는 하나의 벌거벗은 힘으로 나타난다.[72, 73] 반대로 행위 후에 자아는 그 이루어진 행위를 상호 침투적 다수성으로 다시 흡수하는 것으로 보인다. 두 경우 모두 문제가 되는 것은 구체적 총체성이다. 그러나 총체화하는 종합은 [과거 혹은 미래의] 상이한 지향들에 의해 이루어진다. 아마 자아가 과거와의 관계에서는 상호 침투적 다수성이며, 미래와의 관계에서는 벌거벗은 힘이라고까지 말할

---

[*] 마르셀 아를랑(Marcel Arland, 1899~1986): 프랑스의 소설가이자 평론가이다. 다다이즘의 영향을 받았고 《신프랑스평론(*N.R.F.: Nouvelle Revue Française*)》 작가들과 교제했다.

71 (편집자) 여기에서 사르트르는 《신프랑스평론》(1924)에 실린 「새로운 세기병(世紀病)에 대하여(Sur un nouveau mal du siècle)」(p. 14)를 언급하고 있는 것처럼 보인다. 이 글은 『평론집(*Essais critiques*)』(Gallimard, 1931)에 다시 실렸다. 마르셀 아를랑의 이 익숙한 주제에 관해서는 동일한 모음집에 있는 오스카 와일드에 대한 그의 에세이(p. 118)를 보라.

72 열정이 자아를 부추길 때마다 "나는 '내가' 두렵다(J'ai peur de *moi*)"라고 말하는 것처럼 말이다.

73 (편집자) 시몬 드 보부아르의 『애매함의 도덕에 관하여(*Pour une morale de l'ambiguïté*)』, p. 90 이하에서 열정에 대한 분석을 참조하라. 그리고 『존재와 무』 1부 2장 2절 "자기기만 행위"(p. 94)를 참조하라.

수 있을 것이다. 그러나 여기에서는 지나친 도식화를 경계해야 한다.

자기는 여전히 우리에게 미지의 것으로 남아 있다. 하지만 그것이 대상으로서 주어진다는 것은 쉽게 이해할 수 있다. 그러므로 자기를 알기 위한 유일한 방법은 관찰, 짐작, 예측, 경험이다. 그러나 바로 자기의 내밀함 때문에, '내밀하지 않은' 모든 초월적인 것들에 관해서는 완벽하게 들어맞는 이 절차들이 여기에서는 적절하지 않다. 자기는 그것에 대해 진정으로 외부적인 관점을 취하기에는 지나치게 현재적이다. 우리가 거리를 두기 위해 뒤로 물러설 때조차 자기는 동반된다. 그것은 무한히 인접해 있지만 나는 그 주변을 돌 수 없다. 나는 게으른 것일까 부지런한 것일까? 만약 내가 나를 아는 이들에게 묻고 그들의 의견을 구한다면 나는 의심 없이 결론내릴 수 있을 것이다. 혹은 나는 나에 관한 사실들을 수집하고 '마치 다른 사람에 관한 문제인 양 객관적으로' 그 사실들을 해석하려 할 수 있다. 그러나 자기를 알기 위해 직접적으로 자기에 호소하거나 그것의 내밀함을 이용하려는 시도는 소용없는 일이다. 왜냐하면 우리

69

의 도정을 방해하는 것이 바로 내밀함이기 때문이다. 그러므로 '스스로를 정말로 아는 것'은 불가피하게 자신에 대해 타인들의 관점을 취하는 것이며, 이는 필연적으로 거짓된 관점일 수밖에 없다.[74] 그리고 자기 자신을 알고자 노력해 온 모든 사람들은 이러한 내성적(內省的)인 시도들이 처음부터 본래 '단번에' 그리고 일거에 주어지는 분리된 조각들, 격리된 파편들을 쥐고 〔자아를〕 재구성하려는 노력으로 나타난다는 것을 인정할 것이다. 또한 자아에 대한 직관은 우리를 끊임없이 기만하는 신기루이다. 왜냐하면 그것은 모든 것을 내주는 동시에 아무것도 내주지 않기 때문이다. 게다가 자아가 의식들의 실재적 총체(모든 현행적 무한성이 그러한 것처럼 이 총체성은 모순일 것이다.)가 아니라, 모든 상태들과 행동들의 '이념적' 통일인 한 어떻게 그것이 신기루 외에 다른 것일 수 있을까? 이념적인 존재자인 이 통일성은 당연히 상태들의 무한성을 수용할 수 있다. 그러나 이러한 통일성이 오직 그것이 현재적 상태와 결합되는 '한에서' 구체적이고 충

---

74 (편집자) "나는 타인에게 대상으로 나타나기"(『존재와 무』 p. 276) 때문이다.

만한 직관에 주어진다는 것은 잘 이해할 수 있다. 이러한 구체적 중심(noyau)으로부터 많든 적든 상당한 양의 (그러나 권리상 무한한) 텅 빈 지향들은 과거와 미래를 향해 나아가고, 현재 주어지지 않은 상태들과 행위들을 겨냥한다. 현상학에 대해 식견이 있는 사람들은 자아가 상태들의 이념적 통일인 동시에 직관에 완전히 주어지는 구체적인 총체성이라는 것을 어려움 없이 이해할 것이다. 비록 이 상태들의 대부분이 과거의 것이기에 이미 사라져 버렸거나 미래의 것이기에 아직 주어지지 않았을지라도 말이다. 이는 곧 자아가 노에시스가 아닌 노에마적 통일이라는 말이다. [자아는] 하나의 나무 혹은 하나의 의자와 다르게 존재하는 것이 아니다. 텅 빈 지향들은 본래 항상 채워질 수 있으며, 어떤 상태 혹은 행위이건 간에 그것들은 언제든 자아에 의해서 생산되는, 혹은 생산되었던 것처럼 다시 의식에 출현할 수 있다.

결국 자아에 관한 실재적 인식들을 획득하는 것이 근본적으로 어려운 까닭은 자아가 반성적 의식에 주어지는 매우 특수한 방식 때문이다. 사실상 자아는 우리가 그것에 시선을 두지 않을 때에만 나타난다. 체험이 상태

에서 유출되는 한 반성적 시선은 "체험"에 고정되어야
만 한다. 그러므로 자아는 상태 뒤에서, 바로 그 지평에
서 출현한다. 따라서 그것은 오직 '곁눈으로' 보인 것일
뿐이다. 내가 그것을 향해 시선을 돌려 "체험"과 상태
를 경유하지 않고 도달하기를 원하자마자 자아는 사라
진다. 사실상 자아를 그 자체로, 그리고 나의 의식의 직
접적 대상으로 파악하고자 할 때 나는 비반성된 층위로
되돌아가며, 자아는 반성적 행위와 함께 사라지기 때문
이다. 많은 철학자들이 나를 의식의 상태 쪽에 놓아 버
리고, 의식이 의식 배후에 있는 나를 알아보기 위해 반
드시 그 자신에게 되돌아가야 한다고 단언함으로써 나
를 표현했던 것은 이 성가신 불확실성의 인상에서 말미
암은 것이었다. 그러나 그렇지 않다. 자아는 '본성상' 도
주하는 것이다.

그럼에도 나가 비반성된 층위에서 나타난다는 것
은 명백하다. 누군가가 나에게 "뭐 하세요?"라고 묻고,
내가 완전히 몰두한 채 "나는 그림을 걸고 있습니다." 71
또는 "나는 뒷바퀴를 수리합니다."라고 대답할 때, 이러
한 진술들은 우리를 반성의 층위로 데려가지 않는다. 나

는 그 행위들을 실제로 행하는 한에서가 아니라, 오직 그 행위들을 완료되었거나 완료될 것으로 간주하는 한에서 하던 일을 멈추지도 않고 그렇게 말한다. 그러나 그럼에도 여기에서 문제가 되고 있는 이 "나"는 단순한 통사론적 형식이 아니다. 그것은 의미를 가진다. 나는 단지 텅 비어 있는, 그리고 텅 빈 것으로 남겨질 운명인 개념이다. 의자가 없을 때에도 단지 관념을 통해 하나의 의자를 생각할 수 있듯, 나는 마찬가지로 나가 부재할 때에도 나를 생각할 수 있다. 이는 다음과 같은 진술들, "오늘 오후에 뭐하십니까?"에 대한 "나는 출근합니다." 혹은 "나는 친구 피에르를 만났습니다.", "나는 그 사람에게 편지를 써야 합니다." 등을 검토함으로써 명백해진다. 그러나 반성된 층위에서 비반성된 층위로 떨어지면서 나는 단순히 텅 비는 것이 아니다. 나는 강등된다. 나는 자신의 '내밀함'을 잃어버린다. 이 나라는 개념은 결코 직관의 소여들을 통해 채워질 수 없을 것이다. 왜냐하면 그것은 이제 소여들이 아닌 다른 무언가를 겨냥하고 있기 때문이다. 우리가 여기에서 찾는 이 나는 어떤 의미에서 내가 세계 안에서 하거나 혹은 해야만

하는 행위들의 담지자이다. 이러한 행위들이 의식의 통일들이 아닌 세계의 성질들인 한에서 말이다. 예를 들어 불이 붙기 위해서 장작은 작은 조각들로 쪼개져'야 한다.' 장작이 쪼개져'야 한다'는 것은 장작이 가지는 하나의 성질이며, 점화되어'야 하는' 불에 대해 장작이 맺는 하나의 대상적 관계이다. 지금 '나'는 장작을 쪼갠다. 말하자면 이 행위는 세계 안에서 실현되며, 이 행위의 텅 빈 대상적 담지자가 '나라는 개념'이다. 바로 이러한 이유로 신체와 신체의 이미지들은 〔나라는 개념의〕 가상적 채움으로 기능함으로써, 반성의 구체적 나로부터 나라는 개념으로의 총체적 강등을 완성할 수 있다.[75] 나는 "나"가 장작을 쪼개고, 장작을 쪼개고 있는 '신체(corps)'라는 대상을 보고 느낀다고 말한다. 그러므로 신체는 볼 수 있고 만질 수 있는 나에 대한 상징으로 제시된다. 그러므로 우리는 일련의 굴절들과 강등들을 확인할 수 있다. '자아론'은 그것을 다루어야 할 것이다.

---

75 (편집자) 『존재와 무』 3부 2장 「신체」(pp. 368~430)를 참조하라. "나의 대자적인 몸이라는 존재의 심층은 나의 가장 내면의 '내부(dedans)'에 대한 이 영원한 '외부(dehors)'이다."(p. 419)

	반성된 의식: 내재성, 내부성
반성된 층위	직관적 자아: 초월성, 내밀함
	(심리적 영역)
	나라는 (임의적) 개념: 초월적 텅 빔, "내밀함"
비반성된 층위	나라는 개념의 가상적 채움으로서의 신체
	(심리생리적 영역)

5   나와 '코기토' 내부의 의식

나는 왜 **코기토**를 계기로 나타나는가라는 물음이 제기될 수 있다. 코기토는 정확하게 수행된다면, 상태나 행위의 구성을 동반하지 않는 순수 의식에 대한 이해일 것이기 때문이다. 사실을 말하자면 여기에서 나가 필연적인 것은 아니다. 왜냐하면 나는 결코 의식들의 직접적 통일이 아니기 때문이다. 심지어 순수한 반성적 행위를 수행하는 하나의 의식을 상정할 수도 있다. 이 반성적 행위는 의식을 비인격적 자발성으로서의 의식 그 자신으로 인도한다. 다만 현상학적 환원은 결코 완전하지 않다는 점을 고려해야만 한다. 여기에는 다수의 심리학적 동기들이 개입한다. 데카르트는 **코기토**를 방법적 회의와 "학문의 진보"에 관한 야망 등과 같은 '행위들', '상태들'과의 연관 속에서 실행한다. 따라서 데카르트적 방법, 회의 등은 본성상 '나'의 기획들로 주어진다. 이런 기획들의 끝에서 나타나며 '방법적 회의의 논리적 연결로 주어지는' '**코기토**'가 그 자신의 지평에서 나의 출현을 목격한다는 점은 아주 자연스럽다. 이 나는 하나의 이념적 연결의 형식이며, **코기토**가 참으로 회의와 동일한 형식에 속해 있다는 것을 단언하는 하나의 방식이다. 한마디로 코기토는 순수하지 않다. 의심할 바 없이 그것은 자발적 의식이지만, 여전히 상태들 및 행위들에 관한 의식들에 종합적으로 연결된 채 남아 있다. 그 증거는 **코기토**가 회의의 논리적 결과로 그리고 동시에 회의를 종결시키는 것으로 주어진다는 점이다.[76] 자발적 의식이 비인격적 자발성이라고 반성적으로 파악하는 것은 선행하는 '어떠한 동기도 없이' 완수되어야 할 것이

---

76 (편집자) 데카르트의 기획에 관해서는 『상황들 1』에서 「데카르트적 자유」 (pp. 314~335)를 참조하라.

다. 이는 권리상으로는 언제나 가능하지만, 적어도 우리

인간적 조건에서는 거의 있을 법하지 않거나 극히 드문 일이다. 어쨌든 지금까지 말했던 대로 "나는 생각한다"의 지평에서 나타나는 나는 의식의 자발성의 생산자로 주어지지 않는다. 의식은 나에 맞서 출현하고, 그 이후 나에게로 향하며, 나와 다시 합류할 것이다. 이것이 우리가 말할 수 있는 전부이다.

3부   결론

결론적으로 우리는 단순히 다음 세 가지 의견을 제시하고자 한다.

(1) 우리가 제안한 자아의 개념은 초월론적 장의 자유를 실현하는 동시에 그것을 정화하는 것처럼 보인다.

모든 자아론적 구조로부터 정화된 초월론적 장은 최초의 투명성을 되찾는다. 어떤 의미로 그것은 '아무 것도 아니다.' 왜냐하면 모든 물리적·심리생리적·심리적 대상들, 모든 진리들, 즉 모든 가치들은 그것의 바

깥에 있기 때문에, 즉 나의 자기는 그 자체로 초월론적 장의 일부를 이루지 않기 때문이다. 그러나 이 아무것도 아닌 것은 이 모든 대상들'에 대한 의식'이라는 점에서 '전부'이기도 하다. 더 이상 브륀슈비크[77]가 "내부적 삶"과 "정신적 삶"을 대조한 것과 같은 의미에서의 "내부적 삶"은 없다. 왜냐하면 더 이상 '대상'인 동시에 의식의 내밀함에 속할 수 있는 것은 아무것도 없기 때문이다. 의심들, 후회들, 소위 "의식의 위기들(crises de conscience)"이라고 일컬어지는 것들, 요컨대 내밀한 일기들의 모든 재료가 순전한 '표상들'이 된다. 그리고 아마 우리는 그로부터 어떤 도덕적 신중함에 대한 건전한 교훈들을 이끌어 낼 수 있을 것이다. 그러나 이런 견지에서 더 나아가 나의 감정들과 상태들, 즉 나의 자아 자체가 나의 독점적 소유물이지 않다는 점에도 주목해야 한다. 정확히 해 보자. 지금까지 우리는 시공간적 사물

75

---

77 (편집자) 브륀슈비크가 1924년 5월 나폴리 국제철학자대회에서 발표한 「내부적 삶과 정신적 삶(Vie intérieure et vie sprirituelle)」은 1925년 4월~6월 《형이상학과 도덕(*Revue de métaphysique et de morale*)》에 다시 실렸고, 이후 『철학적 저술들(*Écrits philosophiques*) 2』(PUF, 1954)로 편집되었다.

이나 영원한 진리의 객관성과 심리적 '상태들'의 주관성을 철저히 구별했다. 주체는 그의 고유한 상태들과 관련해서 특권적 지위를 가지고 있는 것처럼 보였다. 이러한 생각에 따르면, 두 사람이 같은 의자에 관해 말할 때 그들은 곧 '같은' 사물에 관해 말하고 있는 것이다. 한 사람이 잡아서 들어 올린 이 의자는 다른 사람이 보는 것과 '같은 것'이다. 이는 이미지들의 단순한 일치가 아니다. 여기에는 오직 하나의 대상만이 있다. 그러나 폴이 피에르의 심리적 상태를 이해하려고 애쓸 때 그는 오직 피에르만이 직관적으로 파악할 수 있는 그 상태에 '도달할' 수 없는 것처럼 보였다. 그는 대응물들을 고찰할 수 있었을 뿐이고, 본질상 직관으로부터 벗어난 실재에 도달하려 헛되이 시도하는 텅 빈 개념들을 창조할 수 있었을 뿐이다. 심리학적 이해는 유비에 의해 이루어졌다. 현상학은 '상태들'이 대상들에 속한다는 점을,[78] 감정이란 (사랑이든 증오든) 그 자체로 초월적 대상

---

[78] (편집자) 모든 '체험들'은 반성으로부터 접근 가능하다. 이러한 단언은 현상학적 기술의 방법에 의해 쇄신된 심리학을 설명해 준다. 이는 사실 『감정론 소묘』나 『상상계』 또는 『존재와 무』에서 이루어진, 반성되지 않은 것에 대한 반성

이며 '의식'의 내부적 통일성 안에서 수축될 수가 없다는 점을 가르쳐 왔다. 결론적으로 말해서, 가령 피에르와 폴 두 사람 모두가 피에르의 사랑에 대해 말할 때 피에르가 완전하게 아는 것을 폴이 눈 먼 채로, 유비적으로 말한다는 것은 더 이상 진실이 아니다. 그들은 같은 것에 대해 말하고 있다. 의심의 여지 없이 그들은 다른 과정을 거쳐 피에르의 사랑을 이해할 것이지만 그 과정은 똑같이 직관적일 것이다. 그리고 폴보다 피에르 그 자신에게 피에르의 감정이 더 '확실한' 것이 아니다. 이들 모두에게 사랑은 의심해 볼 수 있는 대상들의 범주에 속한다. 그러나 만일 피에르의 자기, 곧 사랑도 하고 증오도 하는 이 자기가 의식의 본질적 구조로 남는다면 이 모든 근원적이며 새로운 개념화는 위태로워질 것이다. 실제로 감정은 자기에 얽매여 있다. 이 감정은 자기에 '고착되어' 있다. 자기를 의식 안으로 끌어들이는 것은 그것과 함께 감정 또한 끌어들이는 것이다. 정반대로

적 연구를 창시한다. 『존재와 무』의 연구는 사실 『자아의 초월성』의 결론을 적용하는 것과 다름없다. 출간되지 않은 연구인 『프시케』 또한 마찬가지이다.

우리에게 자기란 '상태'와 같은 하나의 초월적 대상이며, 따라서 그것은 두 종류의 직관을 통해 접근 가능한 것으로 보였다. 하나는 '자기인' 의식을 통한 직관적 파악이고 또 다른 하나는 다른 의식들을 통한, 덜 명석하지만 덜 직관적이지는 않은 직관적 파악이다. 요컨대 피에르의 자기는 피에르의 직관을 통해 접근 가능한 것과 마찬가지로 나의 직관을 통해서도 접근 가능하며, 두 경우에 자기는 비충전적 명증성의 대상이다. 만일 그렇다면 피에르의 의식 그 자체를 제외하고는 피에르에 관하여 "침투 불가능한 것"이란 더 이상 아무것도 없다. 하지만 피에르의 의식은 '근본적으로' 접근 불가능한 것이다. 우리는 의식이 오로지 직관에만 저항하는 것이 아니라, 사유에 대해서도 저항한다고 말하고자 한다. 나는 피에르의 의식을 대상으로 만들지 않고는 그것을 '생각할' 수 없다. (왜냐하면 나는 그것을 '나의 의식'과 같은 존재로 생각할 수 없기 때문이다.) 나는 피에르의 의식을 생각할 수 없다. 왜냐하면 그것을 순수한 내부성인 '동시에' 초월성으로서 사유해야 할 것이기 때문이다. 이는 불가능하다. 하나의 의식은 그 자신 이외의 다른 의식을 생각할 수 없다. 따라서 자기라는 개념 덕분에 우리는 다음의 두 영역을 구분할 수 있게 된다. 하나는 심리학이 접근 가능한 영역으로, 여기에서는 외부 관찰의 방법과 내성(內省)의 방법이 동등한 권리를 지니고 상호 보완적일 수 있다. 또 하나는 오로지 현상학만이 접근 가능한, 순수하게 초월론적인 영역이다.

이 초월론적 영역은 '절대적' 존재의 영역, 즉 순수한 자발성의 영역이다. 순수한 자발성은 결코 대상들이 아니며 그것 자체의 실존을 스스로 결정한다. 이와 달리 대상적 존재자인 자기에 대하여 내가 '나의' 의식, 말하자면 나의 '자기'에 관한 의식이라고 말할 수 없다는 것은 명백하다. (나'의' 세례일이라고 말하는 것과 같은 순수하게 지시적인 의미를 제외하는 한에서 말이다.) 자아는 의식의 소유주가 아니다. 그것은 의식의 대상이다. 물론 우리는 자발적으로 우리의 상태들과 행위들을 자아의 생산물인 것으로 구성한다. 그러나 우리의 상태들과 행위들 또한 대상들이다. 우리는 자아에 의해 생산된 것으로서 순간적인 의식의 자발성에 관한 직접적 직관을 결코 가지고 있지 않다. 그러한 직관은 불가능할 것이다. 78

우리가 이와 같은 생산을 생각해 볼 수 있는 것은 오직 심리학적 가설들과 의미들의 층위에서일 뿐이다. 그리고 이러한 오류가 가능한 것은 오직 이 층위에서 자아와 의식이 '공허하게' 겨냥되기 때문이다. 이러한 의미에서 만일 "나는 생각한다"를 나의 생산을 사유하기 위한 방식으로서 이해한다면, 이미 사유를 수동성으로 그리고 '상태'로, 즉 대상으로 구성한 것이다. 의심의 여지 없이 우리는 자아가 자발성의 '지평'에 나타나는 순수한 반성의 층위에서 떠난 것이다. 반성적 태도는 (「견자(見者)의 편지(Lettre du Voyant)」에서의) 랭보의 이 유명한 문장을 통해 정확하게 표현된다. "나는 '타자'이다.(Je est *un autre*.)" 문맥에 따르면 그가 말하고자 했던 것은 단순히 다음과 같다. 의식의 자발성은 나로부터 유출될 수 없으며, [오히려] 나를 '향해 가고', 나와 다시 결합된다는 것, 의식의 자발성이 그 투명한 두께 아래에서 나를 어렴풋이 보이게 한다는 것, 그러나 그것은 모든 것에 앞서 '개별화된' 그리고 '비인격적인' 자발성으로 주어진다는 것. 일반적으로 받아들여지는 명제에 따르면 우리의 사유들은 비인격적 무의식으로부터 분출되는 것이며, 의식적이 됨에 따라 스스로 "인격화"된다. 그러나 이 명제는 하나의 올바른 직관을 조잡하고 유물론적으로 해석한 것으로 보인다. 이 명제를 견지한 것은 바로 의식이 나로부터 '유래하지 않는다'는 것을 아주 잘 알고 있었지만, 의식이 그 자신을 생산하는 자발성이라는 관념은 수용하지 못했던 심리학자들[79]이었다. 그러므로 이러한 심리학자들은 자발적 의식들이 무의식에서 '유래했으며' 무의식 내에 의식들이 이미 존재하고 있었다고 순진하게 상상했던 것이다. 선의식적 한계들 내에 선행하는 자발성들의 실존은 필연적으로 '수동적' 실존일 수밖에 없기 때문이다. 그들은 정식화를 통해서 종결지어야 하는 실존의 문제를 그저 미뤄 두었을 뿐이며, 오히려 그것을 모호하게 만들었다는 것을 깨닫지 못했다.

우리는 다음처럼 우리의 명제를 정식화할 수 있다. 초월론적 의식은 비인격적 자발성이다. 의식은 끊임없이 자신의 실존을 스스로 결정하며 우리는 '의식에 앞

79 (편집자) 사르트르는 여기에서 프로이트주의자들을 암시하고 있다.

서는' 무엇도 생각하지 못한다. 이렇게 우리 의식의 삶의 매순간은 우리에게 무로부터의 창조로 드러난다. 이것은 새로운 '배치'가 아니라 새로운 존재이다. 그러므로 우리들 각자에게 골칫거리인 것은 존재의 끊임없는 창조, '우리가' 창조주가 아닌 이 창조를 파악하는 일이다. 이러한 층위에서 인간은 끊임없이 자신으로부터 도망치고 넘쳐흐르며 항상 〔자신의〕 예기치 못한 풍요로움을 깨닫게 된다. 그리고 무의식적인 것은 또다시 의식에 의해 이루어지는 이러한 자기의 초월(dépassement)에 대해 해명해야 할 부담을 가진다. 실제로 자기는 이러한 자발성 위에서는 어떤 것도 할 수 없다. 왜냐하면 '의지는 이러한 자발성을 위하여, 그리고 이러한 자발성에 의하여 구성되는 대상이기' 때문이다. 의지는 스스로 상태들, 감정들 혹은 사물들을 향한다. 그러나 그것은 의식에게로 돌아가지는 않는다. 사람들은 하나의 의식을 '원할' 때 그것을 쉽게 이해한다.(나는 잠자기를 '원한다', 나는 더 이상 그것을 생각하기를 '원하지' 않는다와 같은 경우에서 말이다.) 이러한 다양한 경우들에서 '본질적으로' 의지는 그것이 일으키고자 하는 것에 '근본적으로 반대되는 의식에 의해서' 유지되고 보존되어야 한다. (만약 내가 잠자기를 원한다면 나는 깨어 있어야 한다. 만약 내가 어떠한 사건에 대해 생각하기를 원하지 않는다면 나는 '정확하게 그것에 관해' 생각해야만 한다.) 이러한 괴물 같은 자발성이 수많은 신경 쇠약을 초래하는 원인인 듯하다. 의식은 자신의 고유한 자발성을 두려워한다. 왜냐하면 의식은 자발성을 자유를 '넘어선(au delà)' 것으로 느끼기 때문이다.[80]

---

80 (편집자)『자아의 초월성』(1934)을 쓴 시기에 사르트르는 아직『존재와 무』에서처럼 자유의 개념을 확장하지는 않은 것 같다. 그렇지 않다면 "의식은 자신의 고유한 자발성을 두려워한다. 왜냐하면 의식은 자발성을 자유를 넘어선 것으로 느끼기 때문이다."라는 문장을 어떻게 이해할 수 있을 것인가? 여기에서 자유는 책임 그리고 의지와 유비적으로 이해된다. 말하자면 자유는 윤리학이라는 초월적 영역에 한정된다는 점을 빗대는 것이다. 그 결과 본문에서의 표현에 따르면 사르트르는 직접적인 자발성들을 구성하는 초월론적 장의 내부에서 〔책임이라는〕 "특수한 경우(cas spécial)"를 발견한다. 〔그러나〕 일반적으로 자발성에 대한 자유의 관계는 비인격적인 초월론적 의식에 대한 자아와 심리적인 것의 관계와 같다.

『존재와 무』에서 자유와 자발성은 서로 다시 만난다. 자유는 의식 전체와 동일한 외연을 갖게 된다. 나의 행위가 표현에 이르는 한 분명 자유는 윤리적 개념, 즉 윤리학의 기초 개념'이기도' 하다. 그러나 자유로운 행위는 더 원시적인 자유에 기초한다. 이 자유는 그 행위의 순수한 반투명성 내 의식의 구조 자체와 다른 것이 아니다. 자유는 하나의 개념 이상으로 "내 존재의 소재(l'étoffe de mon être)"이다. 자유는 나를 관통하여 가로지른다.『존재와 무』 4부 1장「있음과 함: 자유」(pp. 508~642)를 참조하라.

이것은 자네의 사례[81]에서 분명히 확인할 수 있다. 어린 신부는 남편이 자신을 홀로 두고 떠났을 때 두려움을 느끼며 창가에 앉아 매춘부처럼 행인들을 불렀다. 그녀의 교육이나 과거, 또는 성격을 통해서도 그런 종류의 두려움을 설명할 수 없었다. 단지 (독서, 대화 등의) 사소한 정황이 그녀 안에서 가능성에 대한 현기증이라는 것을 결정했던 것처럼 보인다. 그녀는 스스로 괴물 같은 자유를 발견했고, 이 현기증 나는 자유는 그녀가 행하기 두려워하는 행동을 '계기로' 삼아서 그녀에게

81

---

81   (편집자) 이 사례는 자네(Pierre Janet)의 『신경증(*Les névroses*)』에서 인용한 것이다.

사르트르가 이 사례에 대해, 그리고 『자아의 초월성』에서 무의식에 대해 일반적으로 말한 바는 1934년의 입장에서 실질적으로 분리된 변화의 폭을 가늠하게 한다. 『보들레르(*Baudelaire*)』(1947)를 발표했을 때 변화는 이미 시작되었다. 이제 그는 신경증이나 강박증을 제기하는 문제들을 전적으로 재검토했고, 1934년의 단순한 방식으로 확실하게 설명하려 들지 않는 듯하다. 특히 자네가 치료했던 "어린 신부"의 신경증적 태도에 대해 자신이 내렸던 해석을 유치한 것으로 평가한다. 더 이상 "그녀의 교육이나 과거를 통해서도, 또는 그녀의 성격을 통해서도 그런 종류의 두려움을 설명할 수 없었다."라고 말하지 않는 것이다. 이후 그가 이러한 설명에 관련된 생각을 포기한 것은 무엇보다도 반드시 그러한 과거, 교육, 성격으로부터 이루어져야 하는 '변증법적 이해'를 위한 것이다.

사르트르가 과거에 정신분석을 거부했던 이유들에 대해서는 시몬 드 보부아르, 『나이의 힘』의 pp. 25~26과 p. 133을 참조하라.

나타나고는 했다. 이러한 현기증은 의식이 대개 그것의 통일성을 이루는 나를 무한히 넘쳐흐르는 것으로, 그 자신의 가능성들 속에서 그 자체로 갑작스럽게 나타날 때 일어난다.

자아의 본질적인 기능은 실제로 이론적이라기보다는 실천적인 것이다. 우리가 강조했듯이, 사실상 자아는 현상들을 통일체로 묶어 낼 수 없다. 자아가 '이념적인' 통일을 반영하는 데 그치는 것에 반해 구체적이며 실재적인 통일은 훨씬 이전부터 수행된 것이다. 그러나 자아 그 자신의 본질적인 역할은 의식으로부터 그 고유한 자발성을 숨기는 것일지도 모른다.[82] 사실상 자발성에 대한 현상학적 기술은 자발성이 행위와 정념 사이의 모든 구분과 의지의 자율성이라는 모든 관념이 불가능해진다는 것을 보여 줄 것이다. 이러한 관념들이 의미를 가지는 것은 오직 모든 능동성이 그것을 초월하는 수동성으로부터 유출된 것으로 주어지는 층위에서이다. 요컨대 인간이 주체인 동시에 대상으로 간주되는 층위를 말

82

---

82 (편집자) 자기기만적 행위의 존재론적 가능성은 이로부터 비롯된다.

하는 것이다. 하지만 우리는 의지적인 자발성과 비의지적인 자발성을 구분하지 못한다는 것이 본질상 필연적이다.

그러므로 의식이 의식 그 자신의 잘못된 표상으로 자아를 구성했던 것처럼, 의식 그 자신이 구성했던 자아에 정신을 빼앗기고 의식이 마치 〔자아를〕 자신의 수호자이자 법으로 만들어서 몰두했던 것처럼 모든 일이 이루어진다. 가능한 것과 실재적인 것 사이, 외현과 존재 사이, 그리고 의지하는 것과 경험하는 것 사이의 구분이 이루어지는 것은 사실상 자아 덕분이다.

하지만 의식이 순수한 반성적 층위에서 갑자기 그 자신을 생산하는 일이 일어날 수도 있다. 그러나 아마도 이 생산은 자아 없이 이루어지는 것이 아니라, 어디에서나 자아에서 벗어남으로써, 그리고 지속된 창조에 의해 의식의 바깥에서 자아를 지탱하고 지배함으로써 이루어지는 것이다. 이 층위에서는 더 이상 가능한 것과 실재적인 것 사이의 구분이 없는데, 외현이 절대적인 것이기 때문이다. 여기에는 더 이상 장애물도, 한계도, 그리고 의식을 의식 그 자체로부터 은폐하는 것도 없다. 이

때 그 자신의 자발성의 숙명[83]이라 부를 수 있는 것을
깨닫게 된 의식은 갑작스럽게 불안에 사로잡힌다. 이 불
안은 절대적이고 구제할 수 없으며, 자기에 대한 두려
움이자 순수 의식을 구성하는 것으로 나타난다. 그리고
우리가 말했던 신경 쇠약적 동요의 실마리를 제공하는
것이 이 불안이다. 만일 나는 생각한다의 나가 의식의 근
본적인 구조라면 이러한 불안은 불가능하다. 반대로 우
리의 관점을 채택한다면, 우리는 이 동요에 대해 정합
적인 설명을 할 수 있을 뿐만 아니라 현상학적 환원을
실행할 지속적인 동기를 유지할 수 있을 것이다. 우리
가 아는 바대로 핑크는《칸트 연구》에 실린 그의 논문에
서, "자연적(naturelle)" 태도 안에 머무르는 한 에포케를
수행할 "동기"가 없음을, 그렇게 할 '이유가 없다는 점'
을 침울하게 인정했다. 사실 이러한 자연적 태도는 전
적으로 정합적이다. 그리고 자연적 태도에서는, 플라톤

83

---

83 (편집자)『존재와 무』4부 1장 3절 "자유와 책임"을 보라.(p. 633 이하) "인
간은 자유라는 저주를 받고 있는 것이므로, 전 세계의 무게를 자기의 두 어깨 위
에 짊어지고 있다. 인간은 세계에 대해서도, 자기 자신에 대해서도, 존재의 방식
에 관한 한, 그 책임자이다."

이 말한 것처럼, 철학자로 하여금 철학적 전환을 이루어 내도록 만드는 모순들을 발견할 수 없다.* 그래서 후설의 현상학에서 에포케는 마치 하나의 기적처럼 나타난다. 『데카르트적 성찰』에서 후설 자신은 환원을 실행하게 하는 특정한 심리학적 동기들을 아주 모호하게 암시하고 있다. 그러나 이러한 동기들은 그다지 만족스러워 보이지 않으며, 더군다나 환원은 오랜 연구가 끝나고 나서야 행해질 수 있을 뿐이다. 그러므로 환원은 그것에 일종의 무전제성을 부여하는 '현학적인' 작용으로 나타난다. 반면에 "자연적 태도"가 전적으로 의식이 자기 안

---

* 『국가』에서 플라톤은 감각적 지각에 안주하는 데 멈추지 않고 '지성에 의한 이해(noēsis)'로 나아가는 일이 어떻게 이루어지는가를 손가락의 예를 통해 보여 준다. 글라우콘과 대화하는 가운데 소크라테스는 말한다. "감각(aisthēsis)들의 경우에, 어떤 것들은 감각에 의해 판단된 것들로도 충분하기 때문에, 탐구하는 데 '지성에 의한 이해(앎)'를 불러일으키지 않지만, 어떤 것들은 이것으로 하여금 탐구를 하도록 전면적으로 권유한다."(523b) 즉 '지성에 의한 이해(앎)'를 불러일으키지 않는 것들이란 '대립되는 감각(enantia aisthēasis)'으로 동시에 넘어가지 않는 모든 것이며, 이와 달리 대립되는 감각으로 넘어가는 것들은 지성에 의한 이해를 불러일으킨다. 즉 우리 철학자를 지성에 의한 이해로 나아가게 하는 것은 감각에서 경험하는 대립 및 모순들이다. "〔대립되는 것들과 마주치는〕 경우에 혼은 '당혹해 하면서(aporein)', 자기 안에서 '사고 작용(ennoia)'을 가동케 하여, '탐구를 하지(zēatein)' 않을 수 없게끔"(524e) 한다.

으로 기투하고 그에 흡수되면서 의식 자신에게서 도망
치기 위한 노력으로만 나타난다면, 그리고 이 같은 노력
이 결코 완전히 보답받을 수 없다면, 만일 한 번의 단순
한 반성 행위만으로도 의식적 자발성이 갑작스럽게 나
로부터 빠져나와 독립적인 것으로 주어지기에 충분하
다면, 에포케는 더 이상 기적도, 지성적 방법도, 현학적
과정도 아닐 것이다. 에포케는 우리에게 부과된 피할 수
없는 불안이자 초월론적 근원으로부터의 순수 사건인
동시에 우리의 일상적 삶에서 언제나 일어날 수 있는
일이다.

   (2) 이 자아의 개념은 유아론에 대해 가능한 단 하
나의 반박으로 보인다.[84] 후설이 『형식논리학과 선험

84　(편집자) 『존재와 무』 3부 1장 2절 "유아론의 암초"(p. 277) 그리고 특히 3절
"후설, 헤겔, 하이데거"(p. 288)를 참조하라. 여기에서 사르트르는 『형식논리학
과 선험논리학』과 『데카르트적 성찰』에서 후설이 전개한 유아론 반박에 대한 소
론들을 발전시키고 비판하고 있다. 사르트르는 『자아의 초월성』을 통해 제시된
해답이 불충분하다고 시인한다. "나는 전에는 후설의 초월론적 "자아(Ego)"의
존재를 거부함으로써 유아론에서 벗어날 수 있다고 생각했다. 당시에 내 생각
으로는, 내가 나의 의식에서 그 주체를 제거한 만큼, 나의 의식에는 타자에 비해
특권을 가질 아무것도 남아 있지 않을 것으로 여겨졌다. 그러나 사실은 나는 하
나의 초월론적 주관의 가설이 무익하고 유해하다고 확신하고 있었지만, 그런 초
월론적 주관을 폐기했다고, 타자의 존재에 대한 문제가 한 걸음이라도 전진하는

논리학』그리고『데카르트적 성찰』에서 제시한 반박은 단호하고 지성적인 유아론자를 동요시킬 수는 없는 것으로 보인다. 나가 의식의 구조로 남아 있는 한, 항상 나는 나를 동반하는 의식과 다른 모든 존재자들의 대립을 가능하게 하는 것으로 남을 것이다. 그리고 결국 이것이 바로 세계를 생산하는 '자기'이다. 이 세계의 특정한 지층들이 그 본성 자체에 의해 타인과의 관계를 필요로 하는지는 문제 되지 않는다. 타인과의 관계는 내가 창조한 세계의 단순한 성질일 수 있으며, 다른 나들의 실재적 존재를 받아들이도록 조금도 나를 강제하지 않는다.

것은 아니다. 설령 경험적 자아의 밖에는 이 자아에 대한 의식, 다시 말해 주체 없는 하나의 초월론적 장 외에는 '아무것도' 없다 하더라도, 또한 타자에 대한 나의 단언은 세계의 저편에 하나의 비슷한 초월론적 장이 존재하지 않으면 안 된다는 것을, 요청하고 요구한다. 따라서 유아론을 면하는 유일한 길은, 이 경우에도 나의 초월론적 의식이, 자신의 존재 자체에 있어서 마찬가지로 초월론적인 다른 수많은 의식의 세계 외적인 존재에 의해 영향받고 있다는 것을 입증하는 것이다. 그런데 후설은 존재를 의미 계열로 환원해 버렸으므로, 나의 존재와 타자의 존재 사이에 후설이 세울 수 있었던 유일한 연관은 '인식'의 연관이다. 그러므로 그는 칸트와 마찬가지로 유아론에서 벗어날 수 없을 것이다."(p. 291) 유아론을 확실하게 배제하기 위해서는 "나를 나의 존재에 있어서 타자에게 의존하게 하는" 헤겔의 직관에 호소해야 하고, 그 직관을 첨예화해야 한다. 사르트르는 그 결론들을『존재와 무』(p. 307 이하)에서 제공한다.

그러나 만일 나가 초월적인 것이 된다면 그것은 세계의 모든 변화에 참여하게 된다. 나는 절대자가 아니고, 결코 우주를 창조하지 않았으며, 다른 존재들과 마찬가지로 에포케가 작용하는 가운데 무너져 내린다. 그리고 나가 더 이상 특권적인 위치를 차지하지 않는 순간부터 유아론은 생각할 수 없는 것이 된다. 실제로 '나만이 절대자로서 존재한다.'라고 정식화하는 대신에, '절대적 의식만이 절대자로서 존재한다.'라는 자명한 진실을 말해야 한다. 실제로 나의 '나'는 '타인들의 나보다 의식에 더 확실하지 않다.' 그것은 단지 더 내밀할 뿐이다.

(3) 이따금 극단적인 좌파 이론가들은 현상학이 관념론이며 관념의 흐름에 현실을 수몰시킨다는 이유로 비난했다. 그러나 만일 관념론이 브륀슈비크의 악 없는 철학, 그것의 정신적 동화의 노력이 외부의 저항들과 전혀 마주치지 않는 철학,[85] 관념적 통일의 지난한 과정에

86

---

85 (편집자) 이것이 『상황들 1』에서 지향성에 대한 글을 통해 고발된 "소화의 철학(philosophie alimentaire)"이다.
(옮긴이) 『상황들 1』에 수록된 「후설 현상학의 근본 이념: 지향성」에서 사르트

서 고통, 기아, 전쟁이 희석되는 철학이라면, 현상학자들을 관념론자라 부르는 것보다 부당한 것은 없을 것이다. 반대로 우리는 지난 몇 세기 동안의 철학에서도 현상학만큼 현실적인 흐름을 느끼지 못했다. 현상학자들은 사람들로 하여금 다시 세계에 발 담그게 했고 그들의 모든 불안과 고통 그리고 분노의 무게마저도 돌려주었다. 불행히도 나가 절대적 의식의 구조로 남는 한, 현상학은 "도피적 교설"이라고, 여전히 인간의 일부를 세계 밖으로 내몰며 그로 인해 참된 문제들을 외면한다고 비난받을 수 있다. 만일 자기를 세계와 엄격하게 동시적인 존재자로, 세계와 마찬가지의 본질적 특성들을 가지는 존재로 만든다면 이러한 비난들은 더 이상 정당하지 않을 것이다. 나에게 이 작업상의 가설은 역사적 유물론만큼이나 생산적인 것이자, 형이상학적 유물론[86]이

르는 경험적 비판주의, 신칸트주의를 비롯한 모든 유형의 심리주의들이 이와 같은 '소화의 철학'에 해당하며, 이 소화의 철학은 외부적 대상들을 의식의 내용물로 환원해 버리는 오류를 범하고 있다고 지적한다. 후설 현상학은 이와 같은 소화의 철학에 관한 비판이며, 그에 따르면 의식과 대상은 서로 다른 본성을 가지고 있으므로 결코 대상은 의식의 내용물로 동화되거나 환원될 수 없다. 즉 세계는 그 본성상 의식에 외부적이다. 다만 그 본성상 의식과 연관되어 있을 뿐이다.

라는 불합리한 토대를 전혀 요구하지 않는 것으로 보였다. 실로 곧 사라질 허위의 정신적 가치들을 위해, 그리고 그 기반을 현실에서 되찾아야 할 윤리를 위해 '대상'을 '주체'에 선행하게 할 필요는 없다. '자기'는 세계와 동시적이라는 것, 그리고 순수하게 논리적인 주체 대상의 이원성이 철학의 선입견들에서 결국 사라진다는 것으로 충분하다. 세계는 자기를 창조하지 않았고, 자기는 세계를 창조하지 않았다. 양자는 비인격적인 절대적 의식에 대한 두 대상이다. 그리고 바로 이 의식에 의해서 양자는 연관된다. 나로부터 의식을 순수화할 때, 이 절대적인 의식은 더 이상 '주체'와 아무런 관련도 없다. 그것은 더 이상 표상들의 집합이 아니다. 절대적 의식은 단지 근본적 조건이며 실존의 절대적 원천일 뿐이다. 그리고 이 절대적인 의식이 수립한 자기와 세계 사이의 상호 의존적인 관계는 세계와 마주하여 자기가 '위험에 처한' 것으로 나타나기에 충분하며, 세계로부터 자기가 (간

86 (편집자) 사르트르는 『상황들 3』의 「유물론과 혁명」(pp. 135~228)에서 이러한 불합리한 유물론에 대한 비판을 수행했다.

자아의 초월성   135

접적으로 그리고 상태들의 매개를 통해) 그 내용 전체를 이끌어 내기에 충분한 것이다. 절대적으로 실증적인 도덕과 정치학을 철학적으로 정초하기 위해 이 이상 무엇도 필요하지 않다.[87]

---

87 (편집자) 『상황들 1』에서 『상황들 6』에 걸친 많은 글들, 『정치적인 것에 관한 대담(*Entretiens sur la politique*)』 그리고 특히 『변증법적 이성 비판(*Critique de la raison dialectique*)』은 여기에서 현상학적으로 정초된 정치적이고 윤리적인 관심사에 관해 사르트르의 일관성을 증명한다.

사르트르와 유아론의 문제[1]

이 솔 (현대유럽사상연구회)

1 들어가는 말

『자아의 초월성』은 사르트르가 독일 유학을 마치고 돌아와 1936년 《철학 연구》에 발표한 최초의 철학 저술이다. 1933년 처음 후설의 철학을 접한 뒤, 베를린에서 유학하는 동안 사르트르가 후설의 현상학에 몰입했다는 것은 부인할 수 없는 사실이며, 그 결실이 바로 베를린 유학 시절에 집필한 것으로 알려진 이 작품이다. 『자아의 초월성』의 부제 '현상학적 기술의 소묘(Esquisse d'

---

1 이 글은 《철학논총》 제84집(새한철학회, 2016)에 게재된 동명의 논문을 다시 다듬은 것이다.

une description phénoménologique)'는 후설의 영향 아래에서 기술된 것임을 분명히 드러낸다. 이렇게 말해도 좋다면 이 저작은 사르트르가 후설의 현상학적 방법론을 통해 자신의 사유를 그려 보인 최초의 밑그림인 것이다.

이 최초의 스케치는 사르트르 철학의 전모가 이미 그려져 있는 청사진이기도 하다. 이 작품에서 우리는 이후 사르트르의 주저에서 끊임없이 반복되어 나타나는 여러 주요 명제들을 발견할 수 있기 때문이다.[2] "모든 의식은 무엇에 '대한' 의식이다."(TE, 28; 41쪽)[3]라거나 "의식은 그 자체로 그 자신의 대상이 아니다."(TE, 28; 36쪽) 혹은 "의식이란 그것의 본질이 실존을 함축하는 존재이다."(TE, 66; 104쪽)와 같은 사르트르의 유명한 테제들은 물론 '책임(responsibilité)', '욕망(désir)', '사기기만

---

2 『자아의 초월성』의 프랑스어판 편집자인 실비 르봉 또한 사르트르 철학의 이러한 '일관성'을 강조한다. 서문에서 그녀는 『자아의 초월성』을 집필하던 1934년 무렵 사르트르는 이후 출판할 작품들을, 심지어는 『존재와 무』까지도 이미 구상해 놓았던 것처럼 보인다고 쓰고 있다.

3 이 글의 모든 인용은 번역본을 따르며, 여러 번 인용되는 책은 약칭을 사용한다. 본문인 『자아의 초월성』(약칭: TE)의 인용은 원문과 번역본의 쪽수를 병기했으며, 칸트의 『순수이성비판』의 경우 최초 인용 시 각주를 통해 서지 사항을 밝힌 후에는 초판 및 재판의 쪽수만을 표시했다.

(mauvaise foi)'과 같은 사르트르 철학의 주요 개념들이 초기에 어떠한 형태로 나타나고 있는가가 본문에서 앞질러 목격된다. 이러한 점에서 『자아의 초월성』은 『존재와 무』라는 대표작으로 결실을 맺게 될 현상학적 탐구의 첫걸음이라 말할 수 있을 것이다.

그러나 보다 엄밀하게 말하자면 사르트르의 전체 사유의 체계 내에서 이 작품이 가지는 위상을 이처럼 단순하게 평가할 수는 없을 것이다. 『자아의 초월성』은 후설의 현상학을 단순히 수용한 결과물이 아닐뿐더러, 『존재와 무』 또한 『자아의 초월성』의 논의들을 그저 반복하거나 일관적으로 발전시킨 것이라 보기는 어렵기 때문이다. 그러므로 사르트르의 사유의 행로에서 『자아의 초월성』이 어떤 위상을 가지는가를 정확하게 이해하기 위해서는 다음의 두 측면에서 논의할 필요가 있을 것이다. 첫째는 사르트르가 이 저작을 기점으로 후설의 현상학에서 어떻게 벗어나고 있는가의 문제이며, 둘째는 이후의 저작인 『존재와 무』가 『자아의 초월성』에서 제시한 결론들을 어떻게 극복하고 있는가의 문제이다.

첫째로 논의되어야 하는 것은 『자아의 초월성』을 통해 사르트르가 단순히 후설의 현상학을 수용하는 것이 아니라, 후설 현상학의 특정 국면에 관한 주요한 비판을 수행한다는 점이다.[4] 일반적으로 사르트르의 철학은 후설 현상학을 충실히 계승함으로써 수립된 사유로 간주된다. 그러나 사르트르가 후설에게 상당한 영향을 받았다는 것이 분명한 사실이라 할지라도, 그의 철학을 이해하기 위해 보다 중요한 것은 후설의 현상학을 '어떠한 방식으로' 전유하는지를 규명하는 일이다. 그러므로 우리는 이 작품에서 사르트르가 어떤 면에서 후설을 수용하고 또 동시에 극복하는가를 명확히 밝히고, 그러한 비판적 수용을 통해 어떻게 사르트르의 독창적인 현상학적 연구가 수립되며 이후 '현상학적 존재론의 논고(Essai d'ontologie phénoménologique)'라는 부제의 『존재와 무』라는 결실을 맺게 되는가를 확인할 수 있을 것이다.

---

4 『자아의 초월성』의 영문판 번역자인 로버트 커크패트릭(Robert Kirkpatrick)과 포러스트 윌리엄스(Forrest Williams) 또한 사르트르의 철학에서 이 작품이 가지는 위상을 '후설 현상학으로부터 『존재와 무』라는 사르트르 자신의 독자적인 철학으로 이행하는 전환점'이라고 평가한다.

또한 한편으로 우리는『자아의 초월성』과『존재와 무』사이의 간격에도 주목해야만 할 것이다. 비록 사르트르가『존재와 무』에서 견지하는 대부분의 입장들이『자아의 초월성』에서 제시된 논의의 연장선상에 있다 하더라도, (그렇기 때문에 과장하자면『자아의 초월성』은 '작은'『존재와 무』처럼 보인다 하더라도) 이 두 저작 사이에는 분명 무시하기 어려운 간극이 존재한다. 이러한 간격은 사실상 거의 조명되지 않았고, 그에 따라 사르트르의 최초 저작은 그저 주저에서 전개되는 사상의 단초들을 충실하게 포함하고 있는 것으로 간주되었을 뿐이다. 그렇기에 이 글은 무엇보다도 두 저작 사이의 간격이 무엇이며 그것이 무엇을 의미하는가를 해명하는 데 중점을 두고자 한다.

이와 같은 두 측면의 검토, 즉 이 저작에서 사르트르가 후설의 철학에서 어떻게 벗어나고 있는가를 살펴보는 일, 그리고 이 저작과『존재와 무』사이에 존재하는 차이를 규명하는 일은 사실 널리 알려진 하나의 철학적 문제와 연관되어 있다. 그것은 곧 '나'의 관념에 주목하기 시작한 근대 이래 늘 철학의 화두로 논의되어

온 '유아론(solipsisme)의 문제', 바꾸어 말하자면 '타자의 문제'이다.

유아론이란 나 혹은 내가 의식하는 내용만이 실재한다고 보며, 그 밖의 존재를 확증하지 않거나 확증하기를 보류하는 견해이다. 그러한 점에서 유아론은 일반적으로 주관적 관념론의 극단적 경향으로 간주된다. 이는 한편으로 오직 나의 의식에 근원을 두고 의식에 주어지며 그 확실성이 밝혀지는 것들 이외의 무엇도 진리로 받아들이지 않으려는 철저한 경험론적 정신의 발로라 이해할 수도 있지만, 다른 한편으로는 타자가 존재한다는 우리의 원초적인 믿음에 반하는 견해라는 점에서 문제가 된다. 데카르트와 마찬가지로 우리가 우리에게 선행적으로 주어져 있는 다른 어떤 믿음에도 의존하지 않고 오로지 나의 의식에서 출발해 진리를 탐구하길 바란다면 우리는 타자의 존재를 어떻게 증명해 낼 수 있을 것인가? 이 경우 우리는 버클리(George Berkeley)와 같이 존재하는 것(esse)은 단지 지각되는 것(percipi)일 뿐이라고 타자를 단지 하나의 순전한 표상으로 환원하면서 그 것을 개연적 인식의 대상으로 추락시키는 유아론에 빠져들게 되지 않는가?

『자아의 초월성』에서 사르트르는 유아론의 문제에 관한 독창적인 답변을 마련한다. 우리는 이 저작에서 제시되는 답변으로부터 후설에서 벗어나 자신의 독자적인 사유로 나아가는 사르트르를 확인할 수 있을 것이다. 더불어 『존재와 무』에서 사르트르는 스스로 『자아의 초월성』이라는 초기 저작을 거론하는 가운데, 여기에서 주장한 유아론 극복의 해결책이 불충분한 것이었음을 자인하고 새로운 해결 방식을 제시하고 있다. 그러므로 우리는 유아론의 문제에 초점을 맞춤으로써 후설 현상학에 대한 사르트르의 비판은 물론, 『자아의 초월성』으로부터 주저인 『존재와 무』로 이르는 도정에서 사르트르의 사유가 어떻게 변화하는가를 포착할 수 있다.

2　후설 현상학에서 『자아의 초월성』으로

『자아의 초월성』에서 사르트르가 던지는 물음은 매우 간결한 것이다. '자아(ego)'란 무엇인가? 이 물음은 다음같이 보다 일상적인 형식으로 바꾸어 표현될 수도 있을 것이다. '나(je)'는 누구인가? 자신의 답변을 내놓기에 앞서 사르트르는 이 물음에 관한 오래된 답변을 제시한다. "대부분의 철학자들에게 자아는 의식의 '거주자'이다."(TE, 13; 17쪽) 사르트르의 목적은 이 전통적인 답변이 단지 무비판적으로 가정된 허위에 불과하다는 사실을 고발하고, 자아는 결코 의식 내에 있는 것이 아니라는 사실을 보이는 것이다. 이 비판의 과제에 1부 전체가 할애되며, 이어지는 2부에서는 본격적으로 '자아란 무엇인가'라는 물음에 대한 답변이 마련된다.

자아를 의식 내의 존재자로 간주하는 과오를 다루기 위해 우선 사르트르는 칸트에서 출발한다. 『순수이성비판』에서 칸트는 우리의 모든 표상 활동과 '나는 생각한다'의 연관성을 다음같이 주장하고 있다. "'나는 사고한다'는 것은 나의 모든 표상에 수반할 수밖에 없다. 왜냐하면 그렇지 않을 경우, 전혀 생각될 수 없는 것〔이〕 …… 나에게서 표상되는 셈이 될 터이니 말이다."[5] 그러나 사르트르는 이와 같은 칸트의 언명은 권리상의

---

5 임마누엘 칸트, 백종현 옮김, 『순수이성비판』(아카넷, 2009), 346쪽.(B132)

문제를 다루는 것일 뿐, 결코 사실의 문제에 관하여 논하는 것이 아니라고 지적한다. 위 문장에서 칸트가 말하고 있는 것이란, 우리의 모든 표상 활동이 가능하기 위해서는 그러한 표상들의 통일 원리로 작용하는 초월적 통각이 '요구된다'는 것일 뿐, 우리의 모든 표상 활동에 초월적 통각이 사실의 차원에서 늘 동반된다는 것이 아니기 때문이다. 이것이 바로 사르트르가 "칸트에 따르면 '나는 생각한다는 우리의 모든 표상에 동반'될 수 있어야만' 한다."(TE, 13; 18쪽)라고 말한 의미이다. 물론 칸트의 언명은 분명 '나'를 한낱 '관념들의 다발'로 실추시켰던 흄의 회의주의적 귀결을 극복하는 가운데 나온 것이다.[6] 그럼에도 불구하고 칸트가 흄의 결론에서 벗어나는 것은 '나'의 '사실상'의 현존을 되찾음으로써가 아니라 '권리상'의 현존을 주장함으로써이다. 왜냐하면 사르트르가 지적한 바와 마찬가지로 칸트 자신이

---

6 다음과 같은 구절에서 칸트는 흄을 염두에 두고 있다. "내가 표상들의 잡다를 한 의식에서 파악할 수 있음으로써만, 나는 이 표상들을 모두를 '나의' 표상이라고 부르는 것이다. 그렇지 않다면, 나는 내가 의식하는 표상들을 가지고 있는 그 수효만큼의 다채 다양한 자기를 가져야 할 터이니 말이다."(B134)

이미 "직관에 주어진 이 표상들 모두가 '나에게' 속한다는 사유는, 그에 따라 내가 그것들을 한 자기의식 안에서 결합함을 또는 적어도 그 안에서 결합할 수 있음을 말한다."(B134)라고 쓰기 때문이다.

그러나 사르트르는 이처럼 자아의 '권리상' 존재를 주장하는 데에서 멈추어 선 칸트의 결론에서 더 나아가 '사실' 차원에서 '나'의 문제를 다루고자 한다. 그리고 그에 의하면 이 문제에 관한 올바른 탐구 방법을 마련해 준 것이 후설이다. 왜냐하면 "현상학은 '사실'에 관한 학이며, 현상학이 제기하는 문제들이란 '사실에 관한' 문제들"(TE, 17; 24쪽)이기 때문이다. 그러나 결론적으로 사르트르는 자아의 문제에 관해 후설이 내린 결론들을 수용할 수 없다고 말한다. 후설은 현상학적 방법론에 따라 '자아'라는 의심스러운 대상을 괄호 속에 넣고, '자기'가 의식의 종합적이고 초월적인 생산물이라는 결론에 도달한다. 하지만 그와 동시에 후설은 '자기'를 산출하는 이 각각의 의식들의 배후에 이 의식들의 필연적인 구조로서 '초월론적 나'를 상정하고 그에 따라 '초월론적 의식'을 전적으로 인격적인 것으로 만들어 버린다.

여기에서 후설은 다시금 '나'에 관한 전통적 견해로 되돌아간 것이다. 후설은 의식 내부의 최종적인 심급으로서 '나'를 설정하기에 이른다. 그리고 이처럼 의식에 의해 이루어지는 모든 인식을 '나'라는 불투명한 지점에 고착시키는 데에서 유아론의 문제가 비롯된다. 그러나 '나'는 결코 의식 내부의 존재자가 아니다. 사르트르는 이를 우리의 실제적인 경험으로부터 보여 주고자 한다. 그는 다음과 같이 쓴다.

> 내가 책을 읽는 동안, 책에 '대한' 의식이 있었고 소설의 주인공에 '대한' 의식이 있었다. 그러나 '나'는 이 의식에 거주하고 있지 않았다. 의식은 오직 대상에 관한 의식이었으며 그 자신에 관한 비정립적인 의식이었다. 이제 나는 비명제적으로 파악된 이 결과들을 명제의 대상으로 만들어 다음과 같이 선언할 수 있다. 비반성된 의식 안에는 어떠한 '나'도 없었다고 말이다.(TE, 30~31; 45~46쪽)

그러므로 우리는 비반성된 층위에 '나'라는 것은 없다는 결론을 내려야 한다. 내가 전차를 뒤쫓을 때, 내가 시계를 볼 때, 내가 초상화 감상에 몰입할 때, 나는 없다. 단지 '따라잡아야 하는 전차에 대한' 의식과 같은, 의식에 대한 비정립적 의식이 있을 뿐이다.(TE, 32; 48쪽)

후설 그 자신이 이미 선언한 바에 따라 의식은 늘 무엇에 대한 의식이며, 의식은 오로지 대상을 지향하는 자발적인 활동성으로 규정된다.[7] 가령 이 글자들을 읽어 내려가고 있는 우리는 이 흰 종이 위의 활자들을 의식의 지향적 대상으로 삼고 있다. 여기에는 다만 활자들을 인식하는 의식과 그 의식의 지향적 상관물인 활자들만이 있다. 다시 말해 우리는 코기토로부터 결코 '나'를

---

7 비슷한 시기에 고안되고 출간된 저작인 『상상력』과 『상상계』에서도 이와 동일한 논의를 발견할 수 있다. 『자아의 초월성』에서와 마찬가지의 논변을 통해서 『상상력』과 『상상계』에서 사르트르가 전달하고자 하는 주장은 "이미지는 의식이다."라는 것이다. "자발적으로 존재한다는 것은 자신에 대해서, 그리고 자신에 의해서 존재하는 것이다. 그러므로 오직 하나의 실재만이 자발적이라는 수식어가 붙을 자격이 있는데, 그것은 바로 의식이다. …… 따라서 만일 이미지가 의식이라면, 그것은 순수한 자발성, 다시 말해서 자기의 의식, 자기에 대한 투명성이며, 스스로를 알고 있음에 따라서만 존재할 뿐이다. 그러므로 이미지는 어떤 감각적 내용물이 아니다. …… 이리하여 타성적이고 불투명한 모든 내용물은 그것의 존재 유형이 요구하는 필연성 자체 때문에 객체들의 사이에, 다시 말해서 외부 세계 속에 놓이게 된다."(『상상력』, 180~181쪽)

도출해 낼 수 없다. 새로운 코기토를 정립하자면 "나는 이 의자에 대한 의식을 '가지고 있다.'"가 아니라 "이 의자에 대한 의식이 '있다.'"(TE, 37; 55쪽)라고 말해야 할 것이다.

그렇다면 '나'는 무엇이며, 그것은 어떻게 출현하는 것인가? 사르트르의 답변은 명료하다. '나'는 결코 의식, 혹은 의식 내부의 숨겨진 심급과 같은 것이 아니다. 다른 사물들과 마찬가지로 "나는 '존재자(existant)'이다." (TE, 36; 54쪽) 그리고 이 "나는 오직 반성 행위를 계기로 나타날 뿐이다."(TE, 36; 55쪽) 나는 오로지 비반성된 의식의 활동이 반성하는 의식의 대상이 되는 한에서 출현한다. 사르트르는 이를 다음과 같이 서술하고 있다.

비반성된 행위가 있다. 이 행위에는 나가 없다. 반성된 의식은 반성하는 의식의 대상이 되는데, 그럼에도 불구하고 [이 의식은] (의자, 수학적 진리 등과 같은) 자신의 고유한 대상을 확언하기를 멈추지 않는다. 이와 동시에 새로운 대상이 나타난다. 이 새로운 대상은 반성적 의식에 대한 확언의 계기이다. …… 반성적 행위의 이 초월적인 대상,

이것이 나이다.(TE, 36~37; 55쪽)

지금 의식은 활자들을 바라보고 있다. 여기에는 의식과 활자들만이 있다. 그러나 얼마 뒤 불현듯 이 행위를 돌이켜 반성하게 되는 순간 우리는 '내가 활자를 바라보고 있었다'는 사실을 정립한다. '나'가 출현하는 것은 바로 이 순간에서이다. 반성이 이루어지기 이전, 의식이 '나'를 자신의 대상으로 삼기 이전에 선행해서 의식 내에 거주하는 '나'는 없다.

이로부터 우리는 사르트르가 의식으로부터 나를 분리하고 그로써 의식의 투명성을 되살린다는 사실, 그리고 이렇게 의식 내의 불순물과 같은 자아를 폐기함으로써 유아론의 문제로부터 벗어난다는 사실을 파악할 수 있다.

그러나 우리는 후설 또한 분명 유아론을 논박했다는 사실을 알고 있다.[8] 그렇다면 후설은 어떠한 점에서 유아론을 극복하는 데에 실패했던 것인가? 유아론을 극

---

8   이는 특히 후설이 『데카르트적 성찰』의 제5성찰 전체에서 다루는 주제이다.

복하기 위해 후설은 타자의 신체적 표현과 나의 신체적 표현 사이의 유사성, 그리고 이 유사성에 근거한 감정 이입을 토대 삼아 타자의 신체적 표현 배후에 있는 타자 존재를 규명해 낸다. 즉 "타인은 '나 자신의 반영(Spiegelung meiner selbst)'이다. 하지만 그것은 본래의 반영이 아니라, 나 자신의 유사물(Analogon)이다."[9] 그렇다면 우리는 어떻게 타인이 나와 같은 정신을 가지고 있다고 유추할 수 있는가? 타인의 심리적 면모는 물론 우리에게 직접적으로 제시되지 않는다. 직접적으로 제시되는 것은 오직 타인의 신체적 표현들일 뿐이다. 그러나 우리는 "감정 이입(Einfühlung)"(CM, 169)과 "근원적 짝짓기(Paarung)"(CM, 178)를 통해 그러한 표현들 배후에서 타인의 신체를 발견하고, 그 신체의 배후에서 타인의 자아를 목격할 수 있다.

그러나 후설은 이러한 논의에 머무르는 한에서[10]

---

9 후설, 이종훈 옮김, 『데카르트적 성찰』, 157쪽. (약칭: CM)
10 후설의 유아론 논박이 분명 이와 같은 구조를 취하고 있는 것은 사실이다. 한편 그의 후기 철학의 '생활세계(Lebenswelt)'와 같은 개념을 상기해 본다면 후설에게서 타자의 문제가 단지 이러한 방식으로만 논의되리라 섣불리 단정할 수는 없다. 하지만 『존재와 무』에서 이미 사르트르가 하이데거의 '공동 현존재

실재론자들과 마찬가지로 인식의 영역에서 타자의 문제에 답하는 것일 뿐이다. 이 경우 타자는 유사성에 의존한 추론의 대상이 되고 만다. 그렇다면 후설이 실재론의 오류에서 벗어나지 못했던 이유는 무엇인가? 타자를 인식의 영역으로 환원해 버린 과오의 궁극적인 원인이란 앞서 우리가 살펴보았던 바, '나' 개념에 관한 후설의 선입견에 있다. 초월론적 의식의 배후에 초월론적 '나'를 설정한 이상, 대상에 대한 모든 경험은 결국 '나'의 경험이 될 수밖에 없으며, 제아무리 나와 대면한 타인이 나와 유사한 신체적 표현을 간직하고 있다고 하더라도 그는 결국 나의 인식 대상 이외의 어떤 다른 것이 될 수 없기 때문이다. 다시 말해 초월론적 의식을 초월론적 나로 간주했기에 타자는 자신의 타자성을 잃고 나의 의식에 주어지는 한낱 대상이 될 수밖에 없었던 것이다.

이처럼 『자아의 초월성』에서 기술되는 유아론 극복의 방식은 프랑스 철학에서 선구적인 것이라 이해될 수

(Mitdasein)' 개념 내의 타자 이론을 비판한 이상, 후설의 후기 사유에서의 타자 이론 또한 마찬가지의 선상에서 논박 가능할 것이다. 다만 이는 이 글의 논의와는 궤를 달리하는 문제이므로 구체적인 설명은 불필요하리라 생각된다.

있다. 현상학적 전통 속에서 말하자면 사르트르는 후설의 철학을 충실하게 물려받지만, 여전히 후설에게 유아론의 문제가 있다고 말하며 그것을 전복하고 있다. 이 논의가 흥미로운 것은 사르트르가 후설의 철학을 가장 충실히 계승하고 있으면서도, 바로 그러한 충실함에 의해 후설에 대한 비판으로 나아가기 때문이다.[11]

3 『자아의 초월성』에서 『존재와 무』로

후설의 문제. 그것은 사실상 타자 문제에 관해 실재론 일반에 있었던 오류와 동일한 것이다. 그러나 실재론자들이 말하는 바와 같이 "만일 몸이 사고하는 실체 위

---

11 사르트르 편에서 말하자면 우리는 물론 '초월론적 나'라는 가정이 후설 현상학의 다른 논의들과 정합적이지 않았다는 사실을 지적해야 할 것이다. 그러나 또 다른 측면에서 보자면 후설과 사르트르가 서로 다른 방향으로 나아가게 된 근본적인 원인은 후설에게 지향성은 의식의 본질적 특성 가운데 하나일 뿐이지만, 사르트르에게 지향성은 곧 의식으로 이해되었다는 데에 있다. 사르트르는 '의식의 지향성'에 주목함으로써 이후 『존재와 무』에서 제시될 존재의 방식에 관한 급진적인 구분을 수립하게 된다. 그것이 바로 의식 그리고 의식과 전적으로 다른 것, 혹은 지향적인 것과 지향적이지 않은 것, 사르트르가 제시한 표현 그대로 말하자면 대자(pour-soi)와 즉자(en-soi) 사이의 구분이다.

에 현실적으로 작용하는 하나의 대상이라면, 타자는 하나의 순수한 표상이 되어, 그것의 '존재하는 것'은 단순히 '지각되는 것'이고, 그것의 존재는 우리가 그것에 대해 가지고 있는 인식에 의해 측량된다."[12] 즉 타자의 존재는 그것에 대해 우리가 가지는 '표상', '인식', '지각'의 차원에서 해명되는 것이 되고 마는 것이다.

그렇다면 유아론에 관한 사르트르의 해명은 충분한 것이었는가? 앞질러 말하자면 『존재와 무』에서 사르트르는 『자아의 초월성』에서 제시했던 답변의 불충분성을 자인하고 있다.

나는 전에는 후설에 대해 그의 초월적 "자아(Ego)"의 존재를 거부함으로써 유아론에서 벗어날 수 있다고 생각했다. 당시에 내 생각으로는, 내가 나의 의식에서 그〔주체〕를 제거한 만큼, 나의 의식에는 타자에 비해 특권을 가질 아무것도 남아 있지 않을 것으로 여겨졌다. 그러나 사실은 나는 하나의 초월적 주관의 가설이 무익하고 유해하

다고 확신하고 있었지만, 그런 초월적 주관을 폐기했다고, 타자의 존재에 대한 문제가 한걸음이라도 전진하는 것은 아니다. 설령 경험적 자아의 밖에는 이 자아에 대한 의식, 다시 말해 〔주체〕가 없는 하나의 초월적 〔장〕 외에는 '아무것도' 없다 하더라도, 또한 타자에 대한 나의 〔단언〕은 세계의 저편에 하나의 비슷한 초월적 〔장이〕 존재하지 않으면 안 된다는 것을, 요청하고 요구한다. 따라서 유아론을 면하는 유일한 길은, 이 경우에도 나의 초월적 의식이, 자신의 존재 자체에 있어서 마찬가지로 초월적인 다른 수많은 의식의 세계 외적인 존재에 의해 영향받고 있다는 것을 입증하는 것이다.(EN, 405)

『자아의 초월성』에서 사르트르는 후설이 여전히 '나'라는 불투명한 존재자를 의식 내부의 최종적 심급으로 설정하고 있다는 사실을 비판하고, 그러한 '나'를 의식의 대상으로 분리해 냄으로써 의식의 투명성을 되살린다. 그러나 이는 후설의 오류에 대한 부분적인 교정일 수는 있다 하더라도 유아론 및 타자 이론에 대한 충분한 답변이 되지는 못했다. 왜냐하면 '반성'을 통한

'나'의 출현을 주장한다는 점에서, 여전히 사르트르 그 자신이 인식론의 층위에서 유아론에 대한 논박을 시도하고 있었기 때문이다.

그렇다면 타자의 문제에 관한 충실한 답변은 어디에서 구할 수 있는 것인가? 이 물음과 마주하여 사르트르는 헤겔에 의존하는 두 번째 답변을 마련한다. "연대적인 순서의 규칙을 도외시하고, 일종의 무시간적 변증법의 규칙을 따른다면, 헤겔의 『정신현상학』 제1권에서 이 문제에 제안한 해결책은, 우리에게 있어서 후설이 제공하는 해결책 위에 중요한 한 걸음을 전진한 것처럼 생각될 것이다."(EN, 405) 즉 유아론을 확실하게 배제하기 위해서는 인식론이 아닌 존재론의 차원으로 옮겨 가야만 한다. 나의 인식의 지평에서 타자의 존재함을 확증하는 것이 아니라, 이제 그와 반대로 나의 존재가 타자에 의하여 이루어진다는 사실이 드러나야만 한다. 즉 헤겔에 의존해 사르트르가 구한 답변이란 '나'는 타인의 시선을 경유해서 출현한다는 것이다. "헤겔의 천재적인 착상은, 나를 '나의 존재에 있어서' 타인에게 의존하게 하는 점이다. 그의 말에 의하면, 나는 한 사람의 타인에 의해서만 대자적으로 존재하는 하나의 대자적 존재이다."
(EN, 408) 여기에서도 여전히 '나'는 의식의 대상이 될 때에만 그 대상이라는 자격으로 출현하는 것이지, 결코 의식 내의 최종적인 심급으로 간주되는 것은 아니다. 그러나 문제는 '어떤 계기에서' 우리가 나 자신을 대상으로 지향하게 되는가 하는 것이다. 사르트르가 헤겔의 주인과 노예의 변증법에서 얻어 낸 교훈은 바로 이 측면에 있다. 타인의 시선을 경유해 수치(honte)의 대상으로 '나'가 주어진다는 것. 사르트르는 이를 다음처럼 표현한다. "〔수치는〕 본디 '자인(自認)'이다. 나는 타자가 나를 보는 그대로 내가 '존재하는' 것을 스스로 인정한다."(EN, 386) "〔수치는〕 '타자 앞에서의 자기에 대한' 부끄러움이다. 이 이중의 구조는 분리될 수가 없다."(EN, 387)

수치심이라는 감정에 대한 이 현상학적 기술은 곧 타인의 시선을 통해 '나'가 출현한다는 사실에 대한 하나의 소묘이다. 이는 곧 '나'의 존재가 타자를 경유해서 성립된다는 사실을 드러낸다.

사실 각자가 절대적으로 자기에 있어서 존재하는 것은, 다만 그가 타자에 대립하는 한에서이다. 각자는 타인에 대해, 타인과 마주하여, 개인이라고 하는 자기의 권리를 주장한다. 그래서 코기토 그 자체는, 철학에 있어서 출발점이 될 수는 없을 것이다. 코기토는 사실 내가 나에게 있어서 개인으로서 나타나는 결과로만 생겨날 수 있을 것이고, 그런 나타남은 타인의 승인에 의해 조건이 부여되어 있다. '타인'의 문제가 코기토에서 출발하여 세워지기는커녕, 그 반대로 코기토를 '내'가 대상으로서 자기를 파악할 때의 추상적인 계기(契機)로서 가능하게 하는 것은 타인의 존재이다. 그래서 헤겔이 '타자에 있어서의 존재(대타존재)'라고 이름 지은 '계기'는 자기의식의 발전의 필연적인 한 단계이다. 내면성의 길은 타인을 거친다.(EN, 407)

이렇듯 사르트르는 유아론의 문제는 인식론의 영역이 아닌 존재론의 영역에서 해결해야 할 문제라 말한다. 그러나 우리는 다시 물을 수 있다. 사르트르의 이 존재론적 전회는 고작 헤겔적 시도의 반복이 아닌가? 만일 사르트르의 철학이 후설의 현상학과 헤겔적 부정의 철학을 새로운 형태로 결합한 것이라면, 사르트르가 후설을 어떻게 헤겔적인 방식으로 뛰어넘었는가를 보이는 한편, 그와 동시에 사르트르가 어떻게 헤겔과 다른 지점으로 나아가는가를 분명히 해야만 한다. 이를 규명할 수 없다면 사르트르의 논의는 기껏해야 헤겔 철학의 한 아류의 형태에 불과하다는 오명을 씻을 수 없을 것이다.

그렇다면 지금의 맥락에서 검토되어야 하는 것은 유아론의 문제가 존재론의 영역에서 해결되어야 한다는 데에서, 나의 존재에는 타자라는 계기가 필연적이라는 사실을 밝혀내는 데에서 사르트르의 논의가 멈추고 있는가 하는 것이다. 유아론에 대한 사르트르의 논박이 지니는 독창성은 오히려 바로 이로부터 새롭게 발견될 수 있다.

사르트르는 어떠한 방식으로 헤겔과 다른 지점으로 나아가고 있는가? 우리는 여기에서 다시 후설과 마주치게 된다. 분명 사르트르는 헤겔의 착상으로부터 도움을 받아 『자아의 초월성』에서 미진한 것으로 남겨졌던 유아론에 관한 해명을 『존재와 무』에서 새롭게 이루어 내고 있다. 그러나 흥미롭게도 사르트르는 단순히 헤겔의 논의를 따르는 데 멈추어 서지 않고 그를 비판하는 데까지 나아간다.[13] 이를 위해 사르트르는 다시 후설의 목소리를 빌려온다.[14] 즉 사르트르는 헤겔을 통해 후설의 유아론의 한계를 지적하는 동시에 후설의 사유 방식으로 헤겔의 타자 이론이 가진 문제점을 공박하고 있는 것이다.

---

13 헤겔의 철학과 사르트르 철학의 관계에 대해 말하자면 그들 사이의 유사성에 착안해 논의를 전개한 연구들은 상당수 있다. 가령 이성환은 "레비가 지적한 것처럼, 사르트르는 헤겔과의 대결 속에 사유를 했다."(이성환, 「사르트르 속의 헤겔: 사르트르의 대타존재론」, 《철학논총》 제78집(새한철학회, 2014), 489쪽) 라고 지적하며 이 양자의 타자 이론의 유사성에 관해 '사랑'과 '성적 욕망'이라는 테마를 중심으로 세밀하게 논의를 전개하고 있다. 이 글은 이러한 논의를 배경으로 해서 이제 사르트르가 헤겔의 철학을 어떠한 방식으로 비판하고 극복하고 있는가를 명확히 밝혀 보고자 한다.

14 헤겔에 관한 사르트르의 비판은 다각적이다. 한편으로 사르트르는 헤겔이 여전히 후설과 '동일한' 오류를 범하고 있다는 사실을 '인식론적 낙관주의'라는 표현을 통해 지적한다. 왜냐하면 헤겔은 존재론으로 나아가고자 했음에도 여전히 인식론의 차원에서 타자의 문제에 관해 논의하기 때문이다. "확실히 헤겔은 온갖 의식 개체의 존재에 대한 문제를 제기했다. …… 그러나 이 존재론적 문제가 처음부터 끝까지 인식의 용어로 표현되어 있는 것 또한 확실하다. 의식 서로 간의 투쟁의 원동력은 각각의 의식이 각각 자기의 확신을 '진리로' 변형하려는 노력에 있다. …… 그러므로 '타인은 어떻게 해서 나에게 있어서의 대상이 될 수 있는 것인가?'라고 하는 관념론에 의해 제기된 물음에 대해, 헤겔은 여전히 관념론의 지반에 서서 〔답한다.〕 …… 〔그에게 있어서〕 존재의 척도가 되는 것은 …… 인식이다."(EN, 409)

앞서 말했듯 사르트르는 분명 헤겔의 주인과 노예의 변증법으로부터 시선의 투쟁이라는 모티프를 가져왔고, 이를 통해 유아론의 문제가 해결되기 위해서는 존재론적 영역으로 옮겨 가야 한다고 주장했다. 그러나 문제가 되는 것은, 헤겔은 그러한 '투쟁'의 국면에서 곧이어 나와 타자 간 시선의 대립을 넘어서는 지점으로 나아간다는 점이다. 좀 더 정확히 말하자면 헤겔에게 이 대립은 보편적인 자기의식으로 이행하기 위한 하나의 계기였을 뿐인 것이다. 그러나 사르트르는 헤겔이 보편적인 자기의식으로의 상승을 논함으로써 결국 '자기의식'의 구체성에 대해서는 어떤 것도 해명하지 못했다고 비판한다. 사르트르는 다음과 같이 쓰고 있다.

이 변증법적인 상극(相剋)의 종국 그 자체, 즉 보편적인 자기의식은 그 유위전변의 한복판에서도 풍부해지는 않았다. 반대로 이 보편적인 자기의식은 모조리 빼앗겼다. 이런 자기의식은 '나는 타인이 나를 나 자신으로서 알고 있음을 알고 있다'는 것일 뿐이다. 물론 이것은 절대적 관념론에 있어서는 존재와 인식이 똑같기 때문일 것이

다. 그러나 이런 동일화는 우리를 어디로 데리고 갈 것인가?(EN, 410)

여기에서 사르트르가 지적하고 있는 것은 바로 헤겔적 자기의식이 가지는 추상성이다. 헤겔의 시선은 그 시작부터 종국에 이르기까지 절대적인 것에 머물러 있으며, 바로 그런 한에서 비록 의식과 의식 간의 투쟁을 그려 내긴 했을지라도 그가 보여 준 것은 결코 '자기'의식과 '타자'의 문제일 수는 없었던 것이다. 먼저 헤겔의 논의에서 이 의식이란 구체적인 삶 속에서 우리가 경험하는 자기의식과 다른 것이다. 다시 말해 "(헤겔이 말하는) 이 '나는 나다'라고 하는 동일성의 단순한 보편적 공식은 …… 구체적인 의식과는 아무런 공통점도 가지고 있지 않다."(EN, 410) 그리고 동시에 헤겔이 상정한 투쟁 관계의 타자는 곧 보편적인 의식으로 이행하기 위한 한낱 계기일 뿐 진정한 의미에서의 타자가 아니다. "헤겔은 궁극적으로 '대상 존재'로 환원될 수 없는, 하나의 대타존재가 있을 수 있다는 것은 생각해 보지도 않는다."(EN, 409)[15] 왜냐하면 "(헤겔에게) 문제가 되는 것은

'나는 나다'를 전개하여 스스로 자기를 대상으로 만들고, 그리하여 발전의 궁극적인 단계에 이르는 것"(EN, 406)이기 때문이다. 그러므로 헤겔은 자기 자신의 의식으로부터 출발했을지라도 보편으로의 이행에 의해 그러한 자신의 출발점을 망각하기에 이른 것이다. 더 정확히 말하자면 "헤겔은 사실 자기 자신의 의식과 타자의 의식의 관계를 문제 삼지 않았다. 오히려 그는 자기 자신의 의식은 완전히 도외시하고, 단순히 타자의 의식 사이의 관계를 연구했던 것이다."(EN, 417) 그리고 사르트르의 이와 같은 비판이 후설의 현상학을 계승한 '구체성'의 정신에서 이루어진 것이라는 사실에는 이론의 여지가 없을 것이다. 후설이 말하듯, 그리고 사르트르가 말하듯 현상학

---

15 사르트르와 레비나스 철학 사이의 큰 간극에도 불구하고, 바로 이러한 점에서 양자의 타자 이론은 공명하는 부분이 있다. 인용된 구절에서처럼 사르트르가 헤겔의 타자 이론을 비판하는 핵심 가운데 하나는 헤겔에게서 절대 정신이라는 동일자에게로 환원되고 흡수되지 않는 절대적인 타자성은 결코 가정되지 않는다는 것이다. 이와 마찬가지 방식으로 레비나스는 '죽음'에 관한 하이데거의 사유 방식을 비판하며 절대적인 타자의 개념을 제시하고 있다. "하이데거에 있어서 죽음은 존재를 나의 것으로 수용하고 미래를 향해 존재를 기획할 수 있는 근거이나 레비나스에 있어서 죽음은 절대 타자, 나와는 전적으로 다른 것을 보여 준다."(김영한, 「레비나스의 타자 철학: 하이데거에 대한 비판을 중심으로」, 《철학논총》 제64집(새한철학회, 2011), 118쪽)

은 무엇보다도 우리가 가지고 있는 모든 선입견을 버리고 경험으로 되돌아가야 한다는 주장이며, 데카르트의 '회의'와 마찬가지로 어떤 선행하는 이론에도 의존하지 않고 우리가 살아가는 구체적인 삶의 체험들에서 탐구를 시작하는 철저한 학문이기 때문이다.

4 맺으면서

흥미롭게도 후설과 헤겔에 대한 사르트르의 비판을 통해 결론적으로 우리가 마주하게 되는 것은 표면적으로는 상반되어 보이는 두 주장이다.

의식은 결코 '나'의 의식이 아니다. 그리고 동시에, 의식은 '구체적인' 자기의식이다.

표면적으로 서로 화해할 수 없는 것처럼 보이는 이 두 명제가 실제로도 모순에 빠질 수밖에 없는지 혹은 그렇지 않은지를 타진해 보기 위해서는 사르트르의 철학이 과연 '나'의 의식으로 환원되지 않는 '구체적'인 자기의식이 무엇인지 성공적으로 해명하고 있는가의 문제를 검토해야 할 것이며, 그러한 검토를 통해서라야만 우리는 비로소 사르트르가 성공적으로 유아론의 문제를 극복했는가의 물음에도 답할 수 있을 것이다. 우리는 이와 같은 문제에 관한 사르트르의 답변의 일부를 『자아의 초월성』 2부에서 발견할 수 있다. 여기에서 사르트르는 철학사적인 고찰을 넘어 '나'는 무엇인가라는 문제에 답하기 위해 '나', 혹은 의식과 뒤섞여 혼동되어 왔던 '상태', '행위', '성질' 등의 요소들을 철저히 구분 지음으로써 그 자신의 자아론을 본격적으로 개진하고 있다.

그렇다면 사르트르에게 자아는 무엇인가? 후설에게 자아가 의식을 통일하는 최종적 심급으로 가정되었다면, 우선 사르트르는 의식을 통일하는 것은 의식 배후의 심급인 자아가 아니라 의식 그 자체라고 주장한다. "자아는 반성된 의식들의 직접적인 통일이 아니다. 이 의식들에는 '내재적' 통일이 존재하는데, 그것은 그 자신의 통일로 그 자신을 구성하는 의식의 흐름이다."(TE, 44; 68쪽) 그러나 의식 활동의 내재적 통일 이외의 또 다른 방식의 통일이 있을 수 있는데, 그것이 바로 상태들 및 행위들을 통해 이루어지는 초월적 통일이다. 가령 내가 누군가에 대해 품는 증오는 그와 마주하거나 그를 떠올릴 때 내가 경험해 왔으며 경험하고 있는 거부감과 혐오, 분노 들을 통해 주어지고, 동시에 그것들을 통일해 준다. 이 경우 "증오는 하나의 초월적 대상이다. 각각의 '체험'은 증오를 완전히 드러내지만, 동시에 그 체험은 하나의 윤곽, 하나의 투사('음영')에 불과하다. 증오는 분노하거나 혐오하는 의식들의 과거와 미래의 무한성을 보증한다. 그것은 의식의 이러한 무한성의 초월적 통일이다."(TE, 46~47; 74쪽) 이처럼 상태, 행위, 성질이 의식의 초월적 통일이라면, 자아는 무엇인가? 그것은 의식의 통일에 어떤 영향도 미치지 않는 것인가? 그렇지 않다. 사르트르는 자아를 의식의 초월적 통일에 대한 초월적 통일로 규정한다. "자아는 상태들 및 행위들의 통일이며, 필요하다면 성질들의 통일이라 부를 수도 있을 것이다. 자아는 이러한 초월적 통일들의 통일이며 그 자체 초월적인 것이다."(TE, 44; 68쪽) 즉 누군가를 증오하고 또 다른 누군가를 사랑하며 글을 쓰고 살아가는 모든 상태들과 행위들을 통일하는 것. 그것이 바로 자아이다.

그러나 이것은 평범하기 그지없는 결론이 아닌가? 사르트르의 자아론은 단지 우리의 상식으로 다시 돌아옴으로써 끝을 맺는 것인가? 그렇지 않다. 사르트르에게 자아는 오로지 반성을 통해서만 출현하는 비반성된 태도의 대상적 극단이며, 바로 그러한 점에서 자아를 일종의 노에마의 핵심 가운데 '주체 극'으로 위치시킨 후설의 철학과 거리를 둔다. 후설을 비판하는 과정에서 주장했던 바와 같이 사르트르는 자아가 의식 내부의 존재자가 아니라고 말함으로써 '나'를 의식 바깥으로 몰아내고 있다. 그러나 이와 같은 시도는 '나'를 단순한 이름에 불과한 무엇으로 전락시키고자 하는 것이 아니다. 의식 그 자체의 차원에서 이루어지는 '내부적 통일' 이외에 의식에 대한 '초월적 통일'로서 상태들 및 행위들이 있으며, 이러한 상태들과 행위들을 초월적으로 통일하는 또 다른 대상적 극단으로 자아를 규정하고자 하는 사르트르의 시도는 유아론의 문제를 해결하는 동시에 자아를 도덕적이며 실천적인 차원에서 책임의 주체로 수립하고자 하는 목적을 그 바탕에 품고 있는 것이다.

칸트와 후설이 주장한 대로 모든 의식 활동의 배후

에 있으며 의식 내에서 의식 활동을 가능케 하는 최종적 지반으로서의 자아가 아닌, 모든 의식 활동을 통일하는 초월적 '대상'으로서의 자아라는 사르트르의 새로운 개념은 서구 철학의 오래된 내면성의 신화로부터, 그리고 이에 따라온 그 모든 이기성의 담론들로부터 우리를 해방시킨다. 더욱이 이러한 새로운 자아 개념은 '나'와 '나의 본질'이 미리 결정되어 있는 것이 아니라는 사실을 함축한다는 점에서, "인간에게는 실존이 그의 본질에 선행한다."라는 사르트르 철학의 핵심 명제를 예견하는 것이기도 하다.

이렇듯 최초의 철학적 저술인 『자아의 초월성』에서 『존재와 무』에 이르기까지 사르트르의 철학이 유아론에 대항하려는 부단한 노력이었다는 것은 틀림없는 사실이다. 근대 철학은 '내'가 아는 것이 참된 지식인가를 묻고 자신의 모든 지식을 회의에 던져 버렸던 데카르트로부터 시작해 유아론의 문제를 끌어안고 있을 수밖에 없었다. 그리고 바로 그러한 점에서 '나'로부터의 탈주를 시도한 사르트르의 철학은 곧 반(反)근대적인 철학이자 가장 현대적인 철학이라 할 수 있을 것이다. 즉 '나'가 의식의 거주자가 아니라는 사르트르의 언명은 '자기 자신에게로 되돌아가는 것'을 최종 목적이자 지향점이라 선포해 온 오래된 철학들에 맞서고자 하는 시도이다.[16] 진리는 인간의 마음속에 깃들어 있다고 말하는 철학들에 대항해 사르트르는 말 그대로 텅 비어 있는 내면에 대한 공허한 자기 성찰은 불필요하다고 반론한다. 사르트르가 겨냥하는 것은 "프루스트로부터의, 동시에 내적 삶으로부터의 해방"[17]이다. 바로 이것이 『자아의 초월성』이라는 짧은 저술을 통해 사르트르가 전달하고자 하는 결론이며, 이를 통해 사르트르는 기존의 전통적인 철학과 결별을 선언하고 있는 것이다.

---

16 후설 또한 『데카르트적 성찰』에서 아우구스티누스의 『참된 종교에 관하여 (De vera religione)』를 인용하며 다음과 같이 썼다. "우리가 보편적 자기 성찰을 통해 세계를 다시 획득하기 위해서는, 우선 판단 중지를 통해 세계를 상실해야 한다. 아우구스티누스는 '밖으로 나가지 말고, 너 자신 속으로 들어가라. 진리는 인간의 마음속에 깃들어 있다.(Noli foras ire, in te redi, in interiore homine habitat verutas.)'라고 말한다."(CM, 233쪽)

17 Jean-Paul Sartre, "Une idée fondamentale de la phénoménologie de Husserl: l'intentionnalité", p. 35.

참고 문헌

Sartre, Jean-Paul, *Esquisse d'une théorie des émotions* (Paris: Hermann, 1939; 1995).

Sartre, Jean-Paul, *L'être et le néant* (Paris: Gallimard, 1972); 정소성 옮김,『존재와 무』(동서문화사, 2009).

Sartre, Jean-Paul, *L'imaginaire: Psychologie phénoménologique de l'imagination* (Paris: Gallimard, 1948); 윤정임 옮김,『상상계』(기파랑, 2010).

Sartre, Jean-Paul, *L'imagination* (Paris: PUF, 1936; 1989); 지영래 옮김,『상상력』(기파랑, 2010).

Sartre, Jean-Paul, "Une idée fondamentale de la phénoménologie de Husserl: l'intentionnalité", *Situations I* (Paris: Gallimard, 1947); trans. Chris Turner, *Situations*

1: Critical Essays(Calcutta: Seagull Books, 2010).

Beauvoir, Simone de, *La force de l'âge*(Gallimard, 1960).

Husserl, Edmund, *Cartesianische Meditationen und Pariser Vorträge*(Den Haag: Martinus Nijhoff, 1950); trans. Emmanuel Levinas, *Méditations cartésiennes*(Paris: Armand Colin, 1931); 이종훈 옮김, 『데카르트적 성찰』(한길사, 2009).

Husserl, Edmund, *Ideen zu einer reinen Phänomenologie und phänomenologischen Philosophie*(Den Haag: Martinus Nijhoff, 1976); trans. Paul Ricœur, *Idées directices pour une phénoménologie*(Paris: Gallimard, 1950); 이종훈 옮김, 『순수현상학과 현상학적 철학의 이념들 1』(한길사, 2009).

Husserl, Edmund, *Philosophie als strenge Wissenschaft*(Frankfurt am Main: Vittorio Klostermann, 1965); trans. Quentin Lauer, *La philosophie comme science rigoureuse*(Paris: PUF, 1955); 이종훈 옮김, 『엄밀한 학문으로서의 철학』(지만지, 2008).

Husserl, Edmund, *Recherches logiques 2*, trans. Hubert Élie,

Lothar Kelkel & René Schérer(Paris: PUF, 1962).

Husserl, Edmund, *Zur Phänomenologie des inneren Zeit-bewusstseins*(Den Haag: Martinus Nijhoff, 1966); 이종훈 옮김, 『시간의식』(한길사, 2001).

데카르트, 이현복 옮김, 『성찰』(문예출판사, 2013).

칸트, 백종현 옮김, 『순수이성비판』(아카넷, 2009).

찾아보기

옮긴이 현대유럽사상연구회

서강대 철학과에서 현대 철학을 전공하고 있는 젊은 연구자들의 모임으로 고유한, 강선형, 문한샘, 이솔, 정혜란, 황수아, 황승종으로 구성되어 있다. 프랑스와 독일로 대표되는 현대 유럽의 철학을 함께 공부하면서 우리 시대의 문제에 답할 수 있는 철학적 저작들을 계속해서 내놓는 것을 목표로 한다. 현재 원전 강독과 논문 모임을 비롯한 활동을 활발하게 하며, 중요한 원전의 번역이나 공동 저술 출판 등을 계획하고 있다.

자아의 초월성

1판 1쇄 펴냄 2017년 1월 13일
1판 4쇄 펴냄 2023년 2월 17일

지은이 장폴 사르트르
옮긴이 현대유럽사상연구회
발행인 박근섭, 박상준
펴낸곳 (주)민음사

출판등록 1966. 5. 19. (제16-490호)

주소   서울시 강남구 도산대로1길 62
          강남출판문화센터 5층 (06027)

대표전화 02-515-2000   팩시밀리 02-515-2007
www.minumsa.com

한국어 판 © (주)민음사, 2017. Printed in Seoul, Korea

ISBN 978-89-374-3385-6 (93160)

* 잘못 만들어진 책은 구입처에서 교환해 드립니다.